艺术的星空

陈耀辉 ◎ 著

长春出版社

全国百佳图书出版单位

图书在版编目（CIP）数据

艺术的星空 / 陈耀辉著. —— 长春：长春出版社，
2025. 1. —— ISBN 978-7-5445-7727-4

Ⅰ. K820.7

中国国家版本馆CIP数据核字第20247JG457号

艺术的星空

著　　者　陈耀辉
责任编辑　闫　伟
封面设计　宁荣刚

出版发行　长春出版社
总 编 室　0431-88563443
市场营销　0431-88561180
网络营销　0431-88587345
地　　址　吉林省长春市南关区长春大街309号
邮　　编　130041
网　　址　www.cccbs.net

制　　版　长春出版社美术设计制作中心
印　　刷　长春天行健印刷有限公司

开　　本　880mm×1230mm　1/32
字　　数　251千字
印　　张　9.25
版　　次　2025年1月第1版
印　　次　2025年1月第1次印刷
定　　价　59.80元

目　录

白岩松：其实不"白说"

从 1993 年参与创办中央电视台《东方时空》栏目到"CCTV第一个新闻评论员"，从与"东方之子"的面对面到为有困难群体的鼓与呼，从重大新闻里从不缺位的身影到公共事件中从不妥协的追问，作为新闻人，白岩松亲历了中国电视行业的跌宕起伏，更见证了这个时代的奔涌潮流。

投身新闻事业二十余载，如今的白岩松对新闻依然一往情深。"新闻在哪儿，我就在哪儿。"这是他对自己的要求，更是对新闻理想的许诺。

对话中，白岩松思维敏捷，观点独到，妙语连珠。与思想交锋，与智者对话，是让人愉悦和兴奋的。荧屏之外，那个充满责任意识、敬业精神、理性思维的白岩松，显得更加立体和鲜活。

叩问幸福：可以无限靠近，却无法彻底到达

2010 年白岩松出版了《幸福了吗？》这本书，应该说，那

时真正关注"幸福"的人还不是很多，而现在"幸福"已经成为全社会共同关心的热词。白岩松说，他开始关注"幸福"，其实要比出《幸福了吗？》这本书的时间更早。

大概在 2008 年的时候，那一年正是中国改革开放的"三十而立"。

恰恰是在这一年，极度的喜悦和极度的悲伤，同时摆放在人们的面前。当举国上下都在翘首期待北京奥运会的时候，"5·12"地震突然出现在这个年份当中，像噩梦一样来到所有中国人的记忆里。这种极度的喜和极度的悲，给人的心灵带来了巨大的冲击。

很多人似乎没有注意到，《幸福了吗？》书名中还有一个问号，说明白岩松也在困惑，他不是解答者，而是提问者。

他说，在很长的一段时间，中国人往往认为只要物质生活丰富了，幸福自然就来临了。经过了二三十年的改革发展，物质条件取得了很大的改善，然而人们真的幸福了吗？

这就是问题所在。曾经以为的吃饱穿暖、物质丰富就是幸福，现在显然人们已经意识到——没那么简单。那么，什么是构成幸福的要素？这个问号就会倒逼着我们调整很多东西，所以这些年，改革目标已经不那么物质化了，类似尊严、体面等词语都开始成为衡量幸福的标准之一。

为什么物质层面上的生活好过了，却反而感觉不幸福了，在这样的追问和反思中，当今社会人们通往幸福的路还要走多远？白岩松个人觉得，幸福至少跟三个方面有关：物质基础、情感依靠、精神支柱。这三个因素缺一不可，每一个人都可以拿这个标准去衡量一下。

首先是物质基础。中国有句老话，"贫贱夫妻百事哀"。不管看起来多美丽的爱情，如果天天揭不开锅，也难免会出问题。想要享有幸福，必须是以基本的物质条件作为前提和基础的。正如大家常说的，基础不牢，地动山摇。

但人们对物质的追求，不能是无休无止的。在物质极度丰富之后，就一定能够得到幸福吗？结果可能恰恰相反，尤其对下一代人而言，可能更糟。就像有的学者提出的那样：人解决衣食住行这些基本需求越早，幸福指数下降得越快。

其次就是情感依靠。白岩松觉得，想要幸福的话，情感上的获得感非常重要。他在单位经常说："世界那么大，跟你有什么关系呢？"世界好和不好，是由你身边的人好与不好决定的，不是由"远方"决定的。

大家没事谈论一下特朗普，谈论一下普京都可以，但是他真的跟你没什么大关系，起码关系没那么大。你的世界好不好，是由你办公室的氛围如何、你家人的和睦程度、你周围的朋友跟你的关系如何决定的。这个生活半径不大，他们所谈论的事情归根到底是由你身边这个圈子决定的。

但是白岩松说的"圈子"，可不是大家手机上的朋友圈，这个朋友圈太虚幻了。他觉得现在存在着两大问题：朋友圈越来越多，朋友越来越少；天天聊天，没人谈心。

最后一个是精神支柱。如果一个人没有一定的信仰，没有一定的精神力量做支撑，很难靠近幸福。

其实千百年来，中国人一直不缺乏信仰。不管有文化没文化，他们的信仰一直藏在杂糅后的中国文化里面，藏在爷爷奶奶讲给他们的故事里面，藏在唐诗和宋词之中，也藏在人们日常的行为礼仪之中。因此，中国人曾经敬畏自然，尊重教育，追求天人合一，懂得适可而止。

过去这些年，随着市场经济的发展，人们的欲望之河开始泛滥，敬畏的河堤塌陷，于是出现各种乱象。很多人不敬不畏，所以他觉得需要重建敬畏。敬，就是知道什么东西好，要靠近它；畏，是知道什么东西不好，要远离它。敬畏是社会大河两边的河堤，只要这个河堤够高，河水如何奔腾都是安全的；如果河堤很低，河水就会泛滥成灾。因此，敬就是追求的目标，畏就是底线。如果社会能在这样的一个框架之下去运行，会让我们变得幸福很多。

但同时，我们也必须清醒地认识到，幸福就像黄金的纯度一样，只有无限靠近，却永远无法抵达。黄金的含金量可以是99.9%、99.99%，但是没有说100%的黄金。回头看看历史，每一个时代的人，都以为在自己的生命周期里，会遇到童话般美丽的结尾。但现实怎么可能是这样呢？生活就是一个问题接着一个问题，接踵而来。所以对于我们而言，幸福只能是无限靠近，你要想尽办法无限靠近它，但是要想彻底抵达却难上加难。

在《幸福了吗？》一书的后记中，白岩松写了一个妙趣横生、充满哲思的小寓言，并以"求人不如求己"为这个寓言故事以及整本书收尾。

白岩松讲到，幸福不是某个人自己的事情，它与别人有密切的关系。

比如，你出家门的时候，感觉很幸福，很开心。可随后，买早点排队有人加塞儿；过马路周围的人都闯红灯，让你进退两难；去银行取钱，营业员耷拉着脸，给你不少冷遇……你会觉得幸福吗？

也有可能，一些素不相识的人，使你拥有了某种幸福的感觉，哪怕你是"受害"的一方。公共汽车上被人踩了一下脚，本来很恼怒，没想到对方非常诚恳地向你道歉，那一瞬间你感到很温暖；你的东西掉地上了，旁边的人捡起来递到你手上，你觉得这个世界还是很友爱。

物质是基础，可以依靠自己去创造，情感却不仅仅是他们自己的事，和父母家人有关，和身边每个人有关。可这也正是问题的所在，也是我们当下经常不幸福的由来。

幸福不能仅仅依赖于某个个体去寻找，它跟周围的环境紧密相关，跟一个时代紧紧相连，你很难想象在一个战乱频仍、动荡不安的年代里，人们会感到幸福。所以我们每个人都必须在这个时代里，尽最大的努力为自己也为别人创造和带来幸福，不断推动社会的发展进步。

畅谈新闻：归根结底是讲好故事

从1993年开始进入中央电视台，纸媒的经历让白岩松一直受益至今。

白岩松谈到，在纸媒的那几年时间里，首先学会了鉴别什么是好文章，然后开始慢慢写出自己认为比过去好得多的文章，这是非常重要的一个历练。

不管在传媒干哪一行,没有经历过文字的锤炼,是不可能做得出色的。他在报社几年的时间里,自己画版、校对、组稿、编辑、起标题、写东西等等,正是在那段时间,经历了全科的训练,打下了非常重要的地基。后来做电视直播、新闻评论,都跟这段经历密切相关。他经常说,所谓口才的最高境界,就是"出口成章"。

白岩松在1989年大学毕业,然后分到中央人民广播电台,先到乡下锻炼了一年。

1990年回来以后,他面临的是一次媒体的大转折。当时大家都觉得广播的时代过去了,未来将是电视的时代。他当时身在广播圈里,又在《中国广播报》,眼看着全国的广播电台一片"哀声遍野",并不比现在的媒体转型带来的冲击力小。所以现在很多人问他,白老师您为什么还在传统媒体,而不去新媒体?他说,他上一次从广播电台调到电视台,不就是从传统媒体调到新媒体吗?只不过20多年后的今天,又面临一次迭代,传媒的发展永远是以技术传播手段的更新作为推动力的。所以隔一段时间媒体就会有一次迭代更新,他相信这个迭代更新的速度会加快,下一次可能用不了这么长的时间,可能10年,甚至比这个时间更短。现在我们所熟悉的互联网,也将成为传统媒体,会有新的技术或者新的媒体去迭代它。谁都别急,谁都必须面对。

很多媒体人光看到了变,不变的东西其实更多。当今对一个专业媒体人的要求,和100年前对专业媒体人的要求,核心的地方没有特别大的变化。比如你的观察能力、写作能力、思维方式，尤其支撑你这一切的作为新闻人的责任感、良知、知识储备等等。

我们现在有很多人，把自己的不足全都推到变化太快上，推到互联网冲击上。可是你能力要真的很强的话，互联网时代岂不是应该活得更好？难道互联网时代就不需要才智、素质、专业能力很强的人吗？

互联网上，现在做传媒的人，也都在悄悄地向内容转变，因为靠炒菜炒不了多久，大家都不种地了，只有死路一条。更何况知识产权的保护等等，都会进一步严格起来，不做真正的内容，未来向哪儿走？能够看到，这几年互联网自制剧越来越多，自制的栏目也越来越多。而反观传统媒体，我们过去是种粮食的，我们的优势也在于此。只要专心致志地做好自己该做的事情，做一个高质量的内容提供者，时代永远欢迎你，你永远是受益者。

"坦白地说，有很多慌于互联网时代来了的人，即便没有媒体的转型，也快被时代淘汰了。中国的传统媒体实在是太多了，电视台居然有几千家。"白岩松认为，没有互联网的话，也该起码倒闭百分之八九十。如果没有互联网，我们就需要这么多同质化的媒体吗？没有互联网，也早就该进行更加激烈的竞争、并购、缩减等等，让质量变得更高。我们现在每年倒闭几家都市报，大家就在惊呼时代变了。实际上，大家看看每天倒闭多少家互联网公司！但互联网公司已经习惯了这种竞争环境，见怪不怪了。所以，如果历史看多了，就不会慌张，时代就是不断地在变。变化是永远的，唯一不变的就是变化本身。

做高质量的内容提供者，这首先要求媒体人以更易于百姓接受的、更能打动人心的方式去传播价值观。对于这一点，白岩松一直强调，媒体要有讲好故事的能力，故事讲好了，才会有直指人心的力量。白岩松说："媒体人本来就是应该通过讲故事的方式从事传播。可我们为什么现在提出讲故事？那是因为，长期以来，我们的一些做法是与讲故事背道而驰的。我们过去总是在板着面孔讲道理，不入心、不入耳、不入脑，赶跑了我们的受众，这就是整个媒体遇到的挑战。而传媒必须要通过讲故事，把背后的道理传递给大家。"

有很多人跟白岩松说，互联网上假消息多、失真的消息多。他说："互联网上的确有很多内容失真的东西，但传统媒体也要注意态度失真的问题，这是需要我们深思的。很长时间，我们不讲故事，只讲道理。柏拉图说过一句话：'谁会讲故事，谁拥有世界。'人类发展史就是一个讲故事，并且被实现的历史。当然，这个故事要更大化，我们现在还把故事说小了，还在讲一些小故事，其实故事更大。'一带一路'就是中国故事，它是讲给世界的中国故事。我们必须改变过去刻板的讲道理的姿态，而要把道理藏在故事的背后，这才是我们现在强调要讲故事的核心所在。"

看看美国的好莱坞电影，哪个宣传的不是美国道理，但没有哪个电影把道理直接敲在片头上，它一定要藏在一个错综复杂、极具吸引力的故事后面，让你掏钱买票，最后把美国道理讲给你听。它是美国故事，更确切地说，是美国人讲的人类故事。好莱坞电影的精髓所在，就是一定都寻找到人性共通的地方去讲好这个故事。

中国现在 GDP 位居世界第二，这样一个大国，当然要从大的层面和小的层面都讲好中国故事。而对于媒体来说，就是要通过讲故事去把道理传播给受众。如果把党和国家的方针政策直接铺给受众，群众接受起来可能效果有限。如何掰开了、揉碎了、接地气、有情节地以讲故事的方式，把这些内容传播出去，让受众喜闻乐见，这是我们媒体应该注意研究的。

白岩松在中央电视台经常说一句话：“我们要讲政治，尤其要用讲业务的方式讲政治。”

如果新闻单位没有讲业务的能力，也讲不好政治。在一个主持人培训班上，白岩松讲过，中国好多事情是大家都在谈方向，不谈方法。方向不会自然诞生方法，但是好方法确立方向。所以传媒也是一样，在确定好方向的时候，更要低下头来想好方法是什么，而不是天天嘴上说“我们要讲好故事”，却没有任何人去落实。

如何讲好故事？他觉得简单来说，核心是“人”，先有对“人”的关注，才有对新闻的关注。对人性要有通透的了解和理解，这是讲好一个故事的关键要素，否则故事没法讲。讲故事不能直接讲事儿，一定以人为主体，一定要有细节。藏在故事里的道理会让人印象深刻，并且深深地接受。

关注东北：珍惜优势，自信前行

作为一个北方人，这些年白岩松一直密切关注着东北的变化，也研究了很多关于东北的资料。他说看过一本书叫《枪杆子 1949》，写的是东北野战军如何一路从东北打到海南岛。

可以说，所有被解放的城市当中，都有倒下的东北人，新中国成立过程中，每一个烈士墓地中，都有东北人，那真的是一路倒下去，然后红旗立起来。更何况还有东北的森林、油、煤，支撑起了新中国的建设，没有东北源源不断地向全国输送资源，怎么可能有这么快的发展？现在有人"唱衰东北"，说东北人懒惰，安于现状。对此他常反问："改革开放之前，你们有些地方的人也跟现在一样勤快，但也没见到怎么富裕啊？因此说，大的政策环境会改变很多地域的面貌。现在中央高度关注东北振兴，相信东北的形势会越来越好的。"

在研究东北的过程中，他格外注意到，吉林还是有它特殊的潜力的。

他认为这里有个最核心的东西，即吉林是东北教育资源最丰富的地区。无论是吉林大学、东北师大，还是过去说的白求恩医科大学、长春地质学院等等。吉林人口、面积在东三省当中都是小的，但在发展教育方面却始终走在前面。从表面上看，可能当初没觉得怎么样，但是现在来看，就不一样了。正是因为吉林有这么充裕的教育资源，所以在转型的时候还是有它的优势。这也是为什么，有这么多重点工程在吉林，像高铁、汽车、卫星等等，这其实都跟长期以来教育的高质量和人才储备有关，它是在潜移默化地改变一个地区。

另外，吉林有良好的产业基础，有合格的产业工人，过去由于某些原因没做好，现在就要思考怎么让他们跟新兴产业接轨。现在重提工匠精神，你会发现，很多工匠精神的典型都出自吉林。白岩松说："因为自己是从东北这块土地上走出去的，我觉得我们应该看到它的好，同时也要自己多看点儿不足。当面对别人的时候，应有足够的自信，知道它有多少好的地方、有多少优势。但面对自己的时候，要知道不足，才能更好地向前走。"

问及媒体怎么去助力东北的转型，白岩松认为，最核心的还是推动整个社会观念的转变和环境的改变。

不管振兴时间是短是长，归根结底，最关键的还是要看这块土地上的人。而涉及人，首先是观念的转变，然后是环境的优化，第三就是不能放松教育。东北的能人足够多，他说曾接触过很多非常优秀的吉林人，包括在中央电视台的一些同事。有句话叫"孔雀东南飞"，如何去改善环境，去改变这种状况留住人才，这是我们首先应该思考的问题。而改变环境，又何尝不与每个人观念的转变密切相关。改革开放刚开始的时候，我们的确错过了很多机会，当时我们是"等"，可是南方的兄弟省市已经悄悄地干起来了，这背后就是观念的作用。

白岩松讲他来过长春多次，非常喜欢这座城市。很多年前，他第一次来到长春的时候，感觉和其他人的印象差不多：长春的楼不是那么高，没有那么现代。但是站在现在的时间节点上来看长春，他发现，长春才是现在最"奢侈"的城市之一。很多的城市都变成了千人一面的钢筋水泥、高楼林立、密不透风，但长春的楼还不是那么高，还有城市当中的树林，以及像净月潭这样一圈能跑十几公里的森林公园。因为他是个长跑爱好者，曾经在净月潭里面跑过步，他认为那是他跑得最舒服的一次。

跑道依山傍水，在跑的过程中，湖光山色的景观错落有致地出现在视野里，太舒服了。所以有很多时候，当初你以为是缺点的，很多年以后却发现这是优点，而这些优点都是我们应该加以珍惜珍视的，它将成为我们发展的潜力和优势。

幸福与国家有关，与个人有关。白岩松对幸福的追问，掷地有声，为沉睡的人们敲开桎梏。"居庙堂之高则忧其民，处江湖之远则忧其君"，这是中国人文精神的优良传统。白岩松的人生，不仅有当下，更有责任与远方。"宁鸣而死，不默而生"，无论是为国为民，为当代千秋，这些实心实意的话，其实不白说。

白岩松有本书的名字叫《白说》，我没有问他为什么取这样一个书名，但读过这本书之后，我理解，一个"说"字，概括出了这本书的特点，就像说话聊天一样，娓娓道来，一如他以前的作品，从来不板着面孔讲道理。这个书名也体现了"白岩松式"幽默，正如他在序言中所写："说了也白说，但不说，白不说。"我理解这里面有三层逻辑。"说了也白说"，并非作者的真实心理，表现出作者希望"不白说"的心态。就像小时候老师批评完我们之后，总会有几分失望地说："算了，跟你说了也白说。"看似轻描淡写，实际是希望你往心里去的。"不说白不说"，态度就更坚决些，既然心里有话就要说出来，万一哪句话说了管用呢？最后是"白说也得说"。这就上升到一种责任感了，不管说了有用还是没用，都得说，这就到了"宁鸣而死，不默而生"的境界了。诚然，白岩松的文字总是体现一种对现实的关照，对生命的悲悯，对时代的担当。

他出生和成长在内蒙古，但是在跟我交流中，他一直说我们东北人如何如何，对东北饱含深情，对东北的发展也充满期待。这一点让我非常感动。

人物简介

白岩松，男，1968 年 8 月出生于内蒙古自治区呼伦贝尔市，中央电视台节目主持人、记者、新闻评论员，1989 年毕业于中国传媒大学新闻系，主持《新闻周刊》《感动中国》《新闻 1+1》等节目，以"轻松、快乐、富有趣味"的主持风格，深受观众喜欢。

1993 年，白岩松参与创办《东方时空》，并推出了《东方之子》等栏目。1997 年主持了香港回归、三峡大坝截流等节目直播。1999 年参加了澳门回归直播、国庆 50 周年庆典转播。2003 年新闻频道创建，他开始主持《中国周刊》（后更名为《新闻周刊》）。2000 年被授予"中国十大杰出青年"，担任 2004 年和 2008 年两届奥运火炬手。在其主持生涯中，先后多次荣获"优秀播音员主持"奖，并于 2009 年荣获"话语主持群星会年度终身成就奖"。2010 年，获得"优秀播音员主持"奖。2012 年，担任伦敦奥运会开、闭幕式的解说。2016 年，获得中央电视台十佳优秀播音员、主持人奖。2018 年 3 月，当选政协第十三届全国委员会人口资源环境委员会委员。2018 年享受国务院政府特殊津贴。著有《痛并快乐着》《幸福了吗？》《白说》等代表作品。

才旦卓玛：心中的歌儿唱给党

"唱支山歌给党听，我把党来比母亲；母亲只生了我的身，党的光辉照我心……"

从 1963 年到现在，50 多年来，每当耳畔响起这首悠扬的歌儿，人们都会情不自禁地想到一个名字：才旦卓玛。

她的歌声已经融入时代的血液，流淌在历史的脉搏里，牢牢地扎根在每个中国人的心中。

2017 年繁花盛开的 6 月，才旦卓玛应邀到长春参加《放歌中国》节目录制，遂有了与这位年已八旬的老艺术家的倾情对话。

推开宾馆房门，一位衣着朴素的老人笑脸相迎。她目光亲切，语气谦和，令人心头仿佛辽阔草原泛起温暖的涟漪。对话中，她每一句述说都饱含真情——那是对党、对国家的一片深情。只为当年周总理的一句话："要回西藏去。"她二话不说放弃北京的发展机会，回到了西藏。周总理说，要永远保持藏胞的朴实本色，所以，她坚守民族文化，一生只唱西藏民歌。她说自己所有的一切都是党给的，要听党的话。讲这话的时候，她的眼波流淌着纯净的光，时而少女般娇羞，时而战士般庄重。与她在一起，能感受到老一辈艺术家的崇高情怀，单纯又热烈。和她对话，好像跟着她做一次心灵的朝圣，告诉你什么是信仰、什么是忠诚。

雄伟高原初绽的雪莲

提起西藏，人们总是很自然地联想到美丽的雪山、雄伟的高原、洁白的哈达、甜香的酥油茶……当然还有深受人们喜爱的藏族歌唱家才旦卓玛。

几十年来，她一路用心歌唱着，表达着对党和人民无限的爱。从一个普通的农奴女儿成长为一名歌唱家，才旦卓玛的艺术经历，充满着传奇。她出生在西藏日喀则，从小就很喜欢唱歌，牧羊放牛的时候，采摘播种的时候，她的歌声就像雪雀一样自由地飞翔。她唱的歌都是从生活那里听来的。在西藏有很多种山歌，人们劳作的时候都会哼唱。大家你唱一个，我唱一个，慢慢地她就学会了很多歌儿。那时候西藏还没有和平解放，人们辛苦一年的收成，大多要上交给领主。若是收成好一点，家里就能过得好一些，但遇到年成不好的时候，全家人就得饿肚子。在农奴主的残酷压榨下，流光溢彩的扎什伦布寺金顶与低矮破旧的农奴民居形成刺目的反差。在那种社会里，农奴和他们的子女毫无人格尊严可言，更没有读书识字的权利。才旦卓玛虽然已经到了上学的年龄，可是没有机会读书。那时候的日子过得很苦，只有唱歌让她感觉到快乐。

希望的曙光像是一个神迹，在才旦卓玛 14 岁那年照到了那片雪山，解放军的到来让人们的生活发生了改变。一开始，老百姓对解放军是有点害怕的。那时候有谣言说共产党来了不是好事，解放军像藏兵一样会吃他们的食物，住他们的房子，抢他们的东西，所以当时很多老百姓偷偷地把吃的、用的东西都藏起来。但是，解放军来了好几天，他们的所作所为让老百姓改变了看法：解放军和藏兵不一样！她亲眼看到，解放军到了日喀则以后就住在他们打水的地方。那里是一片青稞地，他们到的时候正值冬天，地里的青稞都割完了，他们在空地上搭了帐篷住。由于缺氧、气候干燥，再加上天寒地冻，他们的嘴巴全裂了。看到他们的样子，当地百姓很受触动，尤其是一些年纪比较大的人，心里非常难受，他们说："解放军根本不是来占领我们的地方、抢我们的东西，人家宁可冻着饿着也不动老百姓的物品。"于是，谣言不攻自破，老百姓对解放军渐渐亲近了起来。

解放军进到西藏时带了一个文工团，他们又唱又跳的，才旦卓玛很羡慕。每当他们排练的时候，她和小伙伴们就偷偷到旁边看。后来，西藏成立了青妇联，还组织了宣传队，因为宣传队里需要有人唱歌，所以，在父母的支持下，她参加了青妇联的宣传队。

1956 年，西藏青妇联组织了一个西藏青年参观团，才旦卓玛和其他 40 多名来自西藏各地区的青年一起到内地参观。他们从拉萨出发，坐着解放军的大卡车去了青海，后来又去了北京，毛主席、刘少奇、朱德等领导人都接见了他们。随后，他们还到了东北、上海、南京等地。才旦卓玛记得到东北时冷得很，组织上给他们每人做了新棉衣、新棉裤；她还记得武汉长江大桥刚开始建设，桥从这边一直伸展到那边，他们看得都愣了。

这次参观让他们长了见识、受了教育，也让他们的家人感受到共产党的温暖。当才旦卓玛回到家后，爸爸妈妈看到她的新装，听到她的讲述，高兴地说："共产党、毛主席都是好人，你走的时候穿得破破烂烂的，回来后穿得比'贵族'还要高级！"所以，后来才旦卓玛要参加日喀则文工团，爸爸妈妈很爽快地同意了。妈妈说："你去参加吧，共产党都是好人。"

参加文工团没多久，才旦卓玛就被保送到陕西咸阳西藏公学院学习。西藏公学院是党和国家为了帮助藏族同胞学文化而特别设立的一所学校，在那里他们吃穿用住都不花钱。再后来，国家民委、文化和旅游部委托上海音乐学院办民族班，上海音乐学院就到西藏公学院来招生。考试的时候，因为他们都没有什么文化，老师就让他们唱歌，听他们的嗓音条件。才旦卓玛当时唱了两支歌，就和其他的三个同学一起被选中了，进入上海音乐学院学习。就这样，她真正走上了艺术之路。

才旦卓玛深情地说："讲这么多，一句话——我是真心觉得没有共产党就没有我的今天。"

才旦卓玛在上海读书期间与老师们的感情非常好，特别是与老师王品素结下了非常深厚的师生情谊，才旦卓玛讲述了那段岁月特有的温情。才旦卓玛在1958年来到上海，刚到学校的时候，老师们一起来看他们，王老师给她留下的印象非常深刻。

王老师那时候四十来岁的样子，穿着朴素，留着短发，笑起来满脸慈祥，见她的第一面才旦卓玛就很喜欢这位老师。

从黄土高原到黄浦江畔，不但语言不通，在气候、水土、饮食等方面，才旦卓玛都感到有些不适应。王老师教她的时候也是困难重重的，一是她们语言不通，二是王老师对西藏的音乐接触也很少，不了解藏族唱歌的发声方法。比如，练声时，才旦卓玛连传统的"咿、呀、噢"都唱不出来。最后王老师干脆说："我先当你的学生，你先把我教出来。"于是，她和王老师来了个换位教学，她把自己那些独特的唱法唱给王老师听，同时也教王老师说藏语。王老师学完之后，就把这些唱法放到练声曲当中去，让才旦卓玛用藏语练声。在才旦卓玛看来，王老师的教学是很成功的，自己现在80岁了还能在舞台上给大家唱歌，就得益于王老师当年给她打的好底子。王老师在民族声乐上的教育理念对她的影响很深。才旦卓玛讲到，民族音乐一定要在本民族文化的基础上提高，一定要深扎本民族声乐的根基。

王老师的教学是开放式的，各种东西都让她接触，各种歌都让她唱，各地的民歌还有好多歌曲，像《洪湖赤卫队》《刘胡兰》《红霞》等都教她唱，还让她去听外国花腔。当才旦卓玛第一次被王老师领到音乐教室听唱片时，她听着那些婉转如流水的花腔女高音，听得入迷，禁不住模仿起来。老师惊讶极了，因为她竟然在钢琴上找不到才旦卓玛的高音区。老师当即决定不让她走传统路数，让她尽量保留藏族民歌的演唱特点，指导她通过科学的方法把自然状态发挥到极致。现在想来，老师做的是一个了不起的决定。正因为这样，才旦卓玛才没有丢失自己的嗓音特质，练就了具有浓厚藏歌韵味的好音质。

王老师不仅是她事业上的恩师，在生活中也像妈妈一样照顾她。那时买什么都要票，而且她刚到学校的时候，老是感冒，气管也不好，老师就带她去医院。在学校里不能熬药，老师就在家里给她熬好了，第二天上课时带来。没有王老师这样的帮助，她不可能有今天。王老师还教会她如何做人，让她有了自己的信念。在才旦卓玛成名之后，王老师时时提醒她说："现在大家都知道你才旦卓玛，但是你要知道，你的成功离不开背后的藏族人民。大家关注你主要是因为对藏族人民的友谊，对西藏民歌的热爱。你心里要有这样的理解，不是自己了不得。自己做人要做好，工作才能做好。"所以，才旦卓玛时时告诉自己——要对得起党和人民给她的信任。

坚守民族文化，不负国家不负党

作为新中国藏族第一代歌唱家，才旦卓玛用清澈悦耳的歌声滋润了几代人的心灵，多次出访国外进行文化交流，并告诉世界一个发生了翻天覆地变化的大美新西藏。在推介民族文化方面，才旦卓玛有着深刻的体会。她说自己作为声乐工作者，首先要学好本民族的音乐。才旦卓玛认为自己掌握得好一些，主要是因为她小的时候喜欢唱藏戏，喜欢山歌，所以根基比较扎实。可如今人们学的东西比较杂，根子不扎实，所以现在好多歌曲听起来差不多，没有自己的特色。就她自己而言，这么多年也有很多人建议她唱点流行歌曲，但她始终坚持唱藏族民歌，因为只有坚持自己的特色，别人才能了解和尊重你的民族文化。

才旦卓玛自己一直想，我们国家有56个民族，音乐文化是非常丰富的，如果每个民族都把自己的文化、自己的艺术发展传承下来，那我们的民族之花该开得多么鲜艳！所以，她还是那句话，要学好本民族的东西，把根扎深，这是宣传、发扬我们文化艺术的关键。

才旦卓玛曾经多次见到过毛主席，最难忘的一次是在人民大会堂。《东方红》演出结束后，毛主席接见演员代表，才旦卓玛就坐在他老人家的身后。当时，周总理看到了她，就介绍给主席，告诉主席她就是刚才唱"百万农奴站起来"的藏族姑娘。主席回过身，微笑着向她问好，然后把手伸向了她，她一下子握住了主席的大手，激动得不知如何是好。主席的手特别大，特别温暖，特别有力量。主席握着她的手教导她要好好唱歌，要为西藏人民多做贡献，她当时兴奋得眼泪不停地流，根本说不出话来了。

才旦卓玛的老师是邓颖超大姐的部下，因此她有幸多次得到总理的教诲，还和老师一起到过总理家。总理特别平易近人，他每次都会亲切地问她："最近回家乡了没有？"他叮嘱她要常回家乡，不然时间长了歌声里就没有糌粑和酥油茶的味道了。国庆15周年时，她被调到北京参加《东方红》演出，那时候总理也接见了她们。总理见了她就问："才旦，快毕业了吧？准备去哪里啊？"她说不知道呢。总理又说："我有个建议，你还是回西藏去，现在西藏需要你们，需要你们回去做工作。"她说："好，我回去。"其实，当时北京很多歌舞团都想招她进去，比如东方歌舞团、民族歌舞团，但总理让她回去，她就一定要回去！那时候，很多人说她傻，"北京那么好的机会，回去干什么？"在才旦卓玛心里，她是党培养的，党让干啥就干啥。后来她想，回去是对的，她虽然做不了很多事，但她还是能一点一滴地回报西藏人民。

几代党和国家领导人都很关心才旦卓玛。习近平总书记去西藏考察时还跟她说，你们是西藏的见证人，一定要注意身体。党和国家领导人的关怀和嘱托给予她巨大的精神力量。她感激党，感激人民，感激大家的帮助。所以，她在思想上时刻不忘领袖们的殷殷嘱托，一心一意为党、为人民唱好歌。

才旦卓玛常年奔波在演出一线，与家人相聚的时间不多。才旦卓玛告诉我们，她的家人从来没有埋怨过什么。她特别感谢她的老伴儿，她事业上的进步离不开他的付出。她常年在外演出，工作很忙，家里的事全要靠老伴儿一个人。他们团里下乡的时候，其他人都发愁孩子怎么办，她就不需要操心，走就走了，孩子们的事情、家里的事情丈夫都能安排好。当年，孩子刚出生没几个月，才旦卓玛就有任务出去演出，一走就是好几个月。丈夫在家里又当爹又当妈，把孩子们照顾得好好的。所以，她很感谢他，也经常跟他开玩笑，军功章里有他的一半。

才旦卓玛老伴儿是青海藏族，自小生活在海拔较西藏低许多的地方，这么多年来一直不适应高原缺氧环境。年轻时他不在乎，可是年纪大了，身体就出现了多血症、高原性心脏病等多种问题。他今年87岁了，现在住在成都，由儿子、媳妇和小保姆照顾着。但才旦卓玛不在身边的时候，他总是不踏实，每天反复问小保姆："奶奶什么时候回来？奶奶什么时候回来？"所以，若非有重要演出，才旦卓玛一般都争取在家陪着老伴儿。

才旦卓玛的歌声一直以来都是以清脆嘹亮、优美真挚著称。在问及她是如何保养嗓子，让它始终永葆青春时，才旦卓玛觉得身体很重要，身体好，精神就好，就能唱好歌。人没有精神，再想唱，气息也跟不上。她锻炼身体的方法就是每天练练歌，唱一些小民歌，让气息保持流畅。另外，心情也很重要，不要总是想不开，老是跟人家比较，这样心就宽了，身体自然就健康了。她说李光羲老师都 90 多了，身体还那么硬朗，就是因为他思想单纯、性格开朗，每一天都很愉快。那么大年纪了，两口子还环游世界呢。

西藏吉林，同脉相连

吉林人豪迈奔放，西藏人民淳朴真挚，可以说两地的人民都非常热情好客，性格上应该说是"对脾气"的。我们两地的文化虽然各具特色，但在气质上也有异曲同工之处。吉林省是一个多民族聚集的省份，满族、朝鲜族、蒙古族也有许多极具个性的文化特色，才旦卓玛从事多年民族文化的保护和推介工作，她对吉林省的民族文化发展提出了一些建议。

她对长春印象很好，长春的天气有点像西藏，早晚冷，晚上，星星、月亮看得很清楚，这在其他很多地方是看不到的。她去净月潭公园转了转，湛蓝的天空，新鲜纯净的空气，非常难得。

她说自己对满族文化不大了解，但她觉得吉林省的朝鲜族文化、蒙古族文化都发展得很好，他们的很多节目都非常有特点。特别是朝鲜族，她印象尤为深刻。1959年国庆10周年的时候，各省自治区汇报演出，才旦卓玛第一次看到延边朝鲜族的顶水舞，那个舞漂亮极了，他们的乐队也很棒，当时西藏自治区的舞蹈《丰收之夜》都是延边歌舞团的乐队给伴奏的。在延边朝鲜族自治州成立10周年的时候，才旦卓玛去过那里，她觉得延边发展得很快。

才旦卓玛建议，地方要经常搞些活动，要多搞民族活动，这样既可以挖掘民族内在的东西，也可以让大家进一步了解、重视。同时，各民族之间还可以在文化发展上互相督促、互相帮助。

吉林省对口援助日喀则市，多年来派出大批干部，投入大量人力物力。在援藏工作中不仅推动了西藏当地经济的发展，改善了藏民的生活水平，而且和广大藏族同胞结下了深厚的情谊。才旦卓玛表示，每年回西藏都能感受到西藏的进步，过去他们没有的，现在都有了。过去进出西藏只能坐汽车，现在飞机、火车、公路都通了，西藏航空也成立了。没有党，没有国家，没有全国人民的支持，就没有西藏的今天。

才旦卓玛真挚地说："援藏干部们是很辛苦的，为了我们西藏发展，他们放弃内地优越的条件，听从中央的号召，到我们西藏去，这个我们有深刻的体会。我在这里对他们表示衷心的感谢，我们西藏人民也一定要好好努力，一定要维护祖国统一，一定要把西藏建设得更好。我是党培养起来的，虽然已经退休了，但要尽自己的一点力量去做。只要我还能动，就会一直唱下去，用歌声歌颂党和祖国，继续'唱支山歌给党听'……"

天路之巅的百灵，雪域高原上的琼英。扎根西藏几十载，足迹遍布藏民的村村寨寨，她将欢笑带给家乡，嘹亮的歌声在高原回响。"翻身农奴把歌唱，驱散乌云见太阳""母亲只生我的身，党的光辉照我心"。这深情的歌儿唱出了西藏百万农奴翻身后的喜悦。五色经幡护佑的歌声，为民族融合、民族文化注入了坚守和传承。才旦卓玛仿佛不是在歌唱，而是在动情地缓缓诉说，那是一片赤子之心，对党和国家的无限虔诚。

人物简介

才旦卓玛，女，1937 年出生于西藏日喀则，1965 年毕业于上海音乐学院，著名藏族女高音歌唱家，国家一级演员。1964 年参加大型音乐舞蹈史诗《东方红》演出，享誉全国。代表曲目有《翻身农奴把歌唱》《唱支山歌给党听》《毛主席的光辉》《共产党来了苦变甜》《北京的金山上》《一个妈妈的女儿》等，特色浓郁，感情真挚。曾获全国首届"金唱片"奖、"五洲杯金曲奖"、西藏首届"珠穆朗玛文学艺术基金奖"，在全国部分省市举办个人演唱会，多次参加国家重要演出活动，曾随（率）团出访几十个国家和地区，深受国内外听众喜爱。多次受到毛泽东、周恩来、江泽民、胡锦涛、习近平等党和国家领导人接见。1994 年设立"才旦卓玛艺术基金"，于 1996 年、2000 年举办两届"才旦卓玛艺术基金奖"歌曲新作演唱评奖暨电视颁奖晚会。曾任西藏文联主席、党组副书记，西藏自治区第四、五、六、七届政协副主席，第五届全国人大常委会委员，第七、八届全国政协委员，中国文联副主席，中国音乐家协会副主席，中国少数民族声乐学会副会长等职。

曹保明：东北"非遗"的挖掘者

曹保明是一位蜚声国内外的非物质文化遗产发掘者，是既有学术高水准，又有强劲行动力的民俗学家。多年来，他在我国非物质文化遗产发掘、保护、研究、整理、申报工作中取得的骄人业绩，留下的闪光足迹，不但在业界广为人知，即便是民俗专业之外的人们，也打心里佩服。现在，离开曹保明的名字，要想叙述东北尤其是吉林省的非物质文化遗产现状，几乎是不可能的。他本身就是一个文化品牌。他的人生已经与吉林非遗、东北非遗、人文中国融为一体。

黑土黄牛：东北文化的守望者

改革开放之初，人们的思想观念空前活跃，出版界也开始了"破冰之旅"。但是新时期第一部书出什么？对于任何一个出版社来说，都是个需要反复思考、反复论证的难题。难就难在既要有改革精神，有新意，受欢迎，又要符合当时的形势需要。

当年，在中国具有一定影响力的辽宁春风文艺出版社，作为当地出版界改革开放的序曲，选择出版的第一本书，就是曹保明的作品——《土匪》。这本书既不是小说，也不是民间故事，更不是民俗记录，而是有小说一样的生动情节、有具体时间地点和历史事件、读者闻所未闻的东北历史上的真实存在。亦实亦虚，亦真亦幻，既有动人的文学笔法，又有浓郁的乡土气息，崭新而又"另类"。这样的写法，这样的作品，对于中国读者来说，有令人耳目一新之感，所以备受欢迎。

很快，曹保明的"土匪文化"火了，辽宁春风文艺出版社改革开放的第一炮打响了。接下来，台湾祺龄出版社于1994年推出了曹保明的历史剪影丛书《东北马贼史》，这部书不但深受普通读者的欢迎，甚至成了社会学界、影视界、专业剧作家争相阅读的范本。要想了解当年东北马贼的形貌特点，没别的办法，只有向这本书学习，这已经成了当代文化界的一种共识。果不其然，后来徐克导演拍摄电影《智取威虎山》时，一定要把曹保明请来，听听他的高见。曹保明俨然成了中国马贼文化之父，甚至可以说，曹保明之后无"马贼"。一个作家能够把书写到这个份儿上，用句古话来说，这就叫"压卷之作"！

台湾祺龄出版社尝到了甜头，于是"好吃不撂筷"，在20世纪末，又一口气出版了曹保明的《东北淘金史》《东北挖参史》《东北店铺史》《东北渔猎史》《东北木帮史》等系列作品。林林总总，洋洋大观。这些书除了在台湾畅销外，还在世界各地唐人街和华人居住区广泛流传。曾有一位早年迁徙到美国的老华侨给曹保明写信，说他读了"历史剪影系列丛书"，深受感动，忍不住提笔写信。信中说："曹保明先生，翻开你的书，故土乡情扑面而来，儿时记忆，清晰如昨，我仿佛看到故乡的风雪，又在门前路口吹刮开了。你的书，让我想家了。我想家，更想祖国啊……"

这就是"非遗"的力量，艺术的力量，也是曹保明工作的重要意义。

当曹保明的著作在世界各地畅销、产生广泛影响时，《欧洲时报》发表了张野的署名文章：在当代中国，掌握材料最丰富、了解民俗文化最多的人就是曹保明。

一般人可能不知道，以为发掘"非遗"是一件很雅致、很时尚、很惬意的美差。殊不知这是一件很辛苦、很琐碎、很孤寂的累活儿。今天，几乎所有的文化人都生活在大都市，有优裕的生活条件，而非遗发掘者却如探险者，如淘金客，他们要到民间，到底层，甚至到荒郊野外，到人迹罕至的林海雪原，去发掘历史遗存，去寻访历史的见证人和知情者。这可不是一件轻松的事，更不是一件容易的事。

余秋雨有一部书叫作《文化苦旅》。了解了曹保明发掘非遗的千辛万苦，我想，把这四个字赠送给曹保明是最恰当不过的。今日中国，除了一些特殊岗位之外，即使工作再辛苦的人，春节也要与家人团聚，好好休息几天。但是非遗发掘者曹保明却是其中的"另类"。为了把非遗"淘"到手，他甚至"大过年"时也出去奔波。有一年马上要过春节了，他却背着一个行李卷儿，挎着一个黄书包，去排队买火车票，要去大山里采访，因为他刚刚发现了日伪时期一个叫"三江好"的土匪。于是像淘金客发现了金矿一样兴奋，为此，他要去一个知情的老乡家过年。趁着村里人齐，又有闲工夫，把"三江好"的故事一网打尽。

1992年，曹保明推出新著《中国东北行帮》，书中首次介绍了土匪、渔猎、淘金、采集、木帮、乞丐、扎彩、妓女等行帮的组织结构、宗教信仰、经济活动以及神秘奇特的文化符号，探讨分析了行帮文化对东北历史发展的影响。此书开创了东北民俗研究的先河，首次把行帮文化抬到了文化人类学的"手术台"上进行学术解剖。

20世纪80年代末，曹保明慕名来到永吉县的打鱼篓村，人称"鹰屯"。这里的村民有400多年养鹰驯鹰的传统，早年是专向大清王朝进贡海东青的基地。现在的"鹰屯"已名不副实，因为这里早已不捕鹰了，人们的记忆也遗忘在历史的尘烟中。为了抢救东北鹰猎文化，曹保明进行了两年多的深入生活和实地考察，围绕主人公赵明哲一家的传奇历史、猎鹰绝技和生活方式，完成了纪实文学著作《最后一个猎鹰人》。远去的苍鹰、逝去的文化鲜活在人们的眼前。

20世纪90年代，曹保明在寻觅东北文化时发现了一个与众不同的村落。冬季，人们在积雪覆盖的冰面上凿冰捕鱼，这引起了曹保明的兴趣。一连三个冬季，他都与渔夫们一起住在渔窝棚、网房子里。冰天雪地，寒风呼啸，他和渔夫们秉烛夜谈。当时这里还不通车，他就在塔虎城雇了一辆驴车，冒着严寒风雪一次又一次地到那里采访，终于完成了一部文化专著——《最后的渔猎部落》，1999年由上海文化出版社出版，后来此书多次再版。2005年，中国作家协会与江苏省作家协会联合举办首届"徐霞客杯"全国散文作品评选,曹保明的《最后的渔猎部落》与著名作家张贤亮、席慕蓉等人的著作脱颖而出。颁奖晚会上,曹保明在接受央视主持人杨澜采访时说:"东北,是一个时时在感动着人的地方,人一旦被她感动,又忍不住去感动别人的土地。"

人们捧读曹保明的著作,被他叙述的故事、描写的情景深深吸引,但是有谁知道这是他一连三个冬季,冒着漫天风雪,坐着驴车去采访,又经过多少个不眠之夜才完成的力作? 说是"苦旅",绝对是"白描",而非夸大其词或是泛泛的"比喻"。

冯骥才先生对他有一个评价,既朴实,又到位。他说:"每逢年节,阖家团聚,我知道有一个人却在路上,他就是曹保明。东北的许多文化是被他抢救、保护下来的。如果中国多几个曹保明,我们的文化将会保护得多好啊。"

大道留痕:为历史着墨

荀子《劝学篇》中有一句话:"无冥冥之志者,无昭昭之明;无惛惛之事者,无赫赫之功。"这"冥冥之志"就是专心致志,一心一意;这"惛惛之事"就是埋头苦干,全力以赴。曹保明就是这样一个人,所以他才有"昭昭之明",才有"赫赫之功"。

然而,当时社会上能够理解他的人却很少。即使在今天,也不是人人都知道他工作的意义和价值。东北人习惯把民间传说叫作"瞎话"。我童年的时候,感觉最有意思的事,就是躺在爷爷的怀里听他讲"瞎话"(故事)。在很多人看来,曹保明就是一个到处搜集"瞎话"的人,填充些茶余饭后的谈资罢了。可是有谁知道，在曹保明的心里，这是一个宏大的计划，寄托着高尚的家国情怀。

关于曹保明走上自觉发掘历史文化之路，还有一个小故事。20世纪70年代末，曹保明在吉林省九台县（现长春市九台区）档案馆，发现了一张发黄的纸片，上面写着"三江好罗明星……推翻日本火车，在上家车站。土改工作队特此证明"。"三江好"是九台附近方圆百里妇孺皆知的"胡子"头儿，绑票砸窑，杀人越货，怎么会打日本的火车？为了恢复历史的真实面目，曹保明开始带着学生走村串户，炕头上、油灯下、田埂旁，做了广泛细致的走访调查，查阅了大量日伪时期的历史档案。一个快意恩仇的血性汉子，一个蒙垢多年的抗日英雄呼之欲出。接下来，曹保明奋笔疾书，写下了4万字的《三江好传奇》，在报纸上连载刊发后，一时颇为轰动。

就在《三江好传奇》问世后的一天夜里，突然有一位中年军人敲开了曹保明的家门，见到曹保明，二话不说紧紧抱住他放声痛哭。原来他是"三江好"罗明星的儿子罗美庭，两岁时母亲就带他离开了东北，卢沟桥事变后，就没了父亲的音讯。"文革"时，很多人揭发"三江好"是土匪头子，一家人为此抬不起头来，老母亲也是带着遗憾伤心离世。直到不久前他从天津到长春出差，恰巧看到了曹保明写的文章，于是他将报纸复印下来，寄给民政部。现在国家已追认他父亲为革命烈士了。

其实在那个年代，人们对"土匪""马贼"的认识还有一定的局限性，只注意到了这些人的"土匪"出身，对他们在国难当头时的爱国情怀和抗日义举知之甚少。这件事使曹保明大受触动，也很受启发。

他想，如此大的东北，像"三江好"这样的人，这样的事难道只有一个吗？于是他开始酝酿一个宏大的计划：走进生活，记录东北，寻找被历史遗忘的人和事，让祖国宝贵的文化遗产不再流失！此后，他开始更加频繁地深入民间村屯，深入社会生活，广泛寻觅被历史遗忘在角落里的那些人、那些事。他先后走访了几十股土匪的当事人和后代，记录了近千名马贼的名号，绘制了东北马贼的分布和活动走向图，破译了马贼行话、黑话、隐语，搜集了他们的禁忌习俗、行为特点，对他们在日俄战争、九一八事变、伪满时期、解放战争等重大历史阶段的表现和作用，进行了新的调查、审视和思考，于是有了前面讲到的《土匪》一书。

曹保明的寻访范围远远超过了"三江好"这类人物。一个个人物的口述史，变成了一部部专著。如《孟氏接骨》《郑发菜刀》《李连贵大饼》《董氏药膏》《赵小孩》《老韩头豆腐串》一部接一部地问世，有的还翻译到了国外。2017年5月，曹保明的《最后的狼群》《世上最后一个懂鸟兽语言的人》《人参长在大树上》等韩文译本在首尔作为中韩建交35周年首发文化活动时，该书译者海风出版社李东烈先生说："曹保明的著作是人类文化的活化石。"

文化的活化石是非物质文化遗产。非物质文化遗产，是指人类文化中一种具有久远历史性、清晰传承性、活态存在性、鲜明特色性的地域文化。必须指出的是，在曹保明全力抢救东北历史文化遗产并取得骄人成绩的时候，联合国教科文组织还没有提出"非物质文化遗产"这个概念，更没有"抢救"之说。事实上，直到1997年11月，"非物质文化遗产"这个概念才得到国际的认可，直到2003年10月《保护非物质文化遗产公约》才在联合国教科文组织第32届大会上通过，其生效日期则迟至2006年4月。

对此，有人说曹保明有先见之明，有人说曹保明是"歪打正着"。其实，这些评价都不准确。曹保明之所以能够走在联合国教科文组织之前，捷足先登发掘非物质文化遗产之路，既有他个人的原因，也有社会历史的原因。

首先，从他个人来说，他有专业基础，是科班出身，不是半路出家，更不是一时心血来潮。早在20世纪70年代，曹保明大学中文系毕业留校当教师，其主攻方向就是民间文学。后来学校又派他到北京师范大学钟敬文先生门下进修，这为曹保明日后发掘历史文化的研究工作，打下了坚实的理论基础。接下来，他又师从当代中国民俗文化大师辽宁大学的乌丙安教授，专攻民俗文化研究。由此可见，曹保明走上研究与发掘民俗文化的道路是其来有自的，他的成功绝不是偶然的。

其次，决定他走向成功的另一个更为重要的因素，是他对田野人文的痴迷。业内人士都明白，关于非物质文化遗产的学问，包括民俗学、社会学、人类文化学，民族民间文化学的理论与实践，其最重要的知识源头，都在民间，都在田野，广义来说就是在社会。曹保明能够怀着清晰的目标，走进吉林的田野，走进社会，追踪鲜明的地域文化，同时认真学习民族文化理论，包括通读钟敬文、顾颉刚、谭达先的文化学、文化人类学著作，以及吸纳费孝通、弗雷泽、查理斯多尔森、法布尔等人的思想观点，在北方民族早期的田野考察方式与成果的基础上，形成了与中国文化相配套的重要的文化理论，那是一种清晰而丰富的具有中国特色的人类文化学。比如由他集中抢救、挖掘、梳理、表述出来的森林文化、渔猎文化，把长白山地域文化和松花江、图们江、鸭绿江流域文化实实在在地落地了，从而形成了珍贵的地域文化类型；长白山森林采伐、拖木、放排、森林号子、渔猎、农耕、民间手艺、工匠人物等大批国家级非物质文化遗产，因此被记录下来，确立了长白山文化特征形象；一些森林文化村落，木屋村、雪村、鹰屯、大蒲柴河村、鹿圈子村等进入中国优秀传统村落名单，得到了有效保护。在吉林西部，以查干淖尔冬捕渔猎文化为代表的民族地域文化，则是曹保明献给人文中国的代表作。

在这个过程中，曹保明能够随着时代的发展，调整自己的研究角度，实现转型，从单纯地搜集民间故事，转向搜集讲故事的人，转向那些急需留下社会记忆的人，最终成为人们追踪并倾诉的对象。所有这些，都说明曹保明的成功之路，源于一种文化自觉，源于他对民族文化的热爱。正如冯骥才所说："爱的极致，就是责任。"他是把对民族文化和地域文化的热爱，变成了自己的责任，并有一种责无旁贷的使命感，这是他取得成功的最重要的内在动力。

其三，是社会的原因，这包括两个方面。一是思想解放运动的鼓舞和召唤，20世纪80年代初是中国改革开放的发轫期，是一个充满激情与理想、勇气与探索精神的火热年代。恰恰是这个特殊的时代，造就了曹保明，成就了曹保明，使他以火热的激情投身到对地域文化、对非物质文化遗产的抢救、挖掘和考察整理工作中，终于取得成功。

在社会原因中还有一个方面不可忽视，这就是20世纪70—80年代的中国，市场经济还没有形成，还没有出现大规模的社会变迁，一些村落依然保存着古朴的原貌。清末民初社会生活的见证人，虽然已经八九十岁，但是还能找到一些。这对曹保明的成功是个最重要的条件。因为要想调查非物质文化遗产，离不开传承人口述。如果传承人都不在了，那么要想发掘非物质文化遗产就会遇到极大的困难。从这个角度说，今天，要想复制曹保明的成功，几乎是不可能的。因为传统文化的传承人已经基本不在了。由于市场经济的强大冲击力，今天，即使是当年的穷乡僻壤，恐怕也已经改变面貌，甚至已经面目全非了。而非物质文化遗产一旦失去了原来的存在土壤和社会环境，就会慢慢走向消亡。所以，非物质文化遗产的发掘保护，是何等重要，何等迫切，也就不言而喻了，一旦时过境迁，恐怕连影子都无法找到。

行者无疆：用心血和脚步丈量东北

2001年，中国民间文艺家协会第六次全国代表大会在北京召开，大会选举冯骥才为主席，曹保明等为副主席。在与冯骥才一起共事的15年间，曹保明的收获很大。他有几个厚厚的本子，记录的全是近距离聆听冯先生的报告、讲述，还有相互交

流的肺腑之言，以及冯先生具体对曹保明的指导和评介。在冯
骥才的提议下，曹保明代表中国民协主席团专家出席了几十次
重要的国际国内论坛，多次由他主持和总结各种会议、论坛、
研讨、展会、发布会，综述各类主题会议和专项研讨，他迅速
登上了全国专家、学者高层次平台。他独立主持了如中国三大
史诗《格萨尔》（藏族）、《江格尔》（蒙古族）、《玛纳斯》（柯尔
克孜族）国际论坛。当中国木版年画遗产工程在全国推开后，
曹保明按照冯骥才先生的部署，全面推进东北"闯关东年画"的
挖掘，亲自走入民间，冒着寒风大雪按照当年闯关东人迁徙的
路线，终于在前郭尔罗斯以北的通榆县还原了文化历史，找到
了代表性传人李向荣，完整地梳理出中国木版年画的走向，为
吉林文化与中原文化的对接找到了具体载体，推动了吉林特色
地域文化的建立与发展。吉林的鹰猎文化、狩猎文化，也是他
独立抢救并发展起来的一项项文化工程，建立了"鹰屯"，打造
了河灯、森林号子、冰雪文化、村落文化、工匠文化等大批特
色文化区域。

曹保明不仅是一位非遗文化发掘者，同时也是一位文化战
士，是一个响应时代召唤的优秀党员。2015年是中国和世界人
民纪念反法西斯战争胜利70周年，曹保明决定带领志愿者去抢
救、挖掘、整理《抗战老兵口述史》。他通过吉林省民政厅了解到，
当时吉林省只剩下271名抗战老兵了，年纪最小的都已八十几
岁，必须抓紧抢救。于是他立刻组织53名志愿者开始抗战老兵
的追踪与调查。老人们不断故去，他带领志愿者追到老兵的棺
材前、坟墓前；有的老兵刚接受采访10天便故去了，他便亲自

去参加追悼会。对志愿者交上来的材料，他亲自校正、核实、修改，很多时候是重新返工。在纪念伟大的抗日战争和世界反法西斯战争胜利 70 周年的日子到来之前，一部上下两卷的《抗战老兵口述史》终于出版了，全书从 271 名老兵中抢出了 127 名老兵的述说。8 月 15 日那天，在北京举行的盛大阅兵和授勋仪式上，习近平总书记亲自接见了 30 名有代表性的老兵，其中 15 名是国际抗战老兵，如陈纳德夫人陈香梅等。而国内的 15 名老兵中，有一名就是曹保明亲自采访并收入"口述史"的 102 岁老兵孙庭江。当曹保明在电视中看到总书记为孙庭江戴上勋章时，他忍不住流下了热泪。他感到，这是祖国和人民对他和志愿者们艰苦付出的一种鼓励和肯定。后来，这部传递着老兵心声的口述史被南京大屠杀遇难同胞纪念馆收藏。作家蒋巍创作了报告文学《扛着历史走——曹保明和他的大东北家谱》。

21 世纪初，当联合国建立非物质文化遗产评定制度时，曹保明被任命为吉林省非物质文化遗产保护工作专家组组长，这不仅是实至名归，而且是众望所归。他是我省非物质文化遗产保护工作队伍当之无愧的领军人物。

几十年来，曹保明以 140 多部著作、3 个曹保明地域文化博物馆、1 个地域文化研究院证明了他的历史性存在。那不仅是实物的存在，更是生命的实在，是精神的长在。今天，在吉林文化中，许多具有地域色彩的部分，都有曹保明的心血，每一个村落，每一项遗产，都印着曹保明的足迹。

70 年，一个共和国的同龄人，正以踏实的脚步，与伟大祖国相伴而行，同时也把"曹保明"这一闪光的名字，在祖国的历史和文化长河中，留下了不可磨灭的投影。

人物简介

曹保明，男，出生于1949年，吉林省著名文化学者、民俗专家，现任吉林省民间文艺家协会主席、《民间故事》杂志主编、中国民间文艺家协会顾问等职。

吉林省非物质文化遗产保护工作专家组组长；中国文化遗产保护十大杰出人物；第六届感动吉林人物；建国60年吉林骄傲人物；全国先进文化工作者；全国学雷锋优秀志愿者；中国民间文艺最高奖"山花奖"成就奖获得者；国家人力资源和社会保障部、中国文联先进个人；享受国务院政府特殊津贴。

公木：黑土留师表，白云载战歌

童年的回忆是最纯净明媚的时光，即便随着岁月的流逝幻化成晶莹的碎片，也将汇聚成悠远又朦胧的霓虹，依旧如诗如梦，令人难以忘怀。就像电影《公民凯恩》中叱咤风云、掌控美国舆论半壁江山的报业大王凯恩一样，临终前喃喃不忘的"玫瑰花蕾"，正是童年故乡那破旧雪橇后面早已斑驳的字迹。岁月流转、浮华人生，"玫瑰花蕾"是心底最温暖的地方，最强大的力量，最宝贵的财富。

在我心底，最开心的事情就是和小伙伴们一起到村头的空场看露天电影，战争片是我的最爱，我曾经跟着王成嘶声呐喊。如果说"向我开炮！"算是不经常出现在心底的"一时冲动"，而那经久不衰的，正是回家路上的一曲《英雄赞歌》："风烟滚滚唱英雄，四面青山侧耳听……"。时至今日，无论我唱与不唱，这歌声都会经常地回响在我的脑海之中。

英雄的形象，就是这样潜移默化地嵌入了我和小伙伴们稚嫩的心灵，留下了关于英雄的深刻的概念，这就是红色的革命基因。上小学以后，当兵的表哥教我唱"向前！向前！向前！我们的队伍向太阳……"，这铿锵有力的旋律，激昂奋进的歌词，好像为小小少年心中的绿色军营之梦插上了翅膀，激发了无数热血男儿的报国之志。年岁渐长，慢慢知道这些令人仰止的经典歌词、这些感人的诗篇，都出自一人之手，他就是中国著名的战士诗人公木。拜读得越多越发觉，他的诗歌热情似火，壮志如潮，气势昂扬，始终是奋发向前的。诗人高举"存真要紧，失真为戒"的旗帜，跨越历史的长河，历经岁月的荡涤，"夜愈浓黑，你便光照得愈远愈明，遇到狂风与骤雨，你便愈有精神"，勇敢地驶向光明与真理的彼岸。

一

公木原名张松如，1910年夏出生于冀中平原乡下的一户普通农家。他自幼聪颖好学，14岁就以第一名的成绩考入省立第七中学。"吾十有五而志于诗"，他中学时代就酷爱诗歌，如饥似渴地阅读古代诗词。1928年他考入北平师范大学并在天津《大公报》上发表了自己的处女作《脸儿红》，也许当时他还算不得真正的诗人，但是却通过自己的才情、志气显示了未来将成大器的潜质。1929年，发表于《师大生活报》上的《爱的三部曲》则更多地显示出了他身上的五四气质和当时的知识青年们所追求的人文精神。1930年加入中国共青团，同时加入北平的"左联"组织，受到鲁迅、郭沫若、冰心等人的影响，积极投身革命文学运动，以自觉的行动成为了"五四"精神的第一代传人。他人生的理想和诗歌的追求都逐渐融入奔腾向前的社会潮流。

从公木的童年到青少年时期，正是中华民族烽烟四起、战火纷飞的年代，"土地被强盗底足底玷污，河川里流淌着羞辱的眼泪"，社会动荡、时代巨变，那也是普通百姓最艰苦难熬的岁月。从小生长在河北乡村的公木先生，满眼皆是受剥削受压迫的农民，这痛苦生活也成了他童年最苦涩的回忆。写于 1933 年的《父与子》是他这些苦涩回忆的凝结，也是他这一时期最具代表性的诗作。

你们忍受，

我们却要动手。

你们去向他乞怜，

向他磕头；

我们，

我们却要动手！

如今已是穷人翻身的时候。

诗中儿子的奋起反抗与父亲的隐忍麻木形成了鲜明的对比。三十年代描写农民痛苦生活的诗歌不在少数，但是像《父与子》这种以反映农民的反抗精神、农民思想观念变化为主题的，却并不多见。这种反抗意识十分宝贵，也是公木诗歌的重要特点。

时代磨砺了公木的笔锋，也锤炼了他的斗志。他看到的是人民的苦难，他发出的也必是战斗的宣言。从此后，他的诗歌便注入了鲜明的战斗底色，日渐豪迈雄壮；从此后，他有了一个特殊的身份、一个响亮的名字："战士诗人"。"首先是个战士，然后才是诗人。永远如此，不容颠倒。"（《我爱·后记》）

战斗的现实主义精神是他一生遵循的创作原则。此后，诗歌成了他手中的文艺武器，成了他高擎的红色战旗，并以此激励了千百万革命群众为祖国和人民而战。他的诗歌始终与人民同在、与民族同在、与时代同在！

二

满眼是"浓密的雾阵布满天空"，满心是"交出押死的地契时父亲颤抖的手"……苦难的人生体验是他砸碎枷锁、奔向革命熔炉的力量。延安像天边的启明星一样发出召唤，1938 年，28 岁的公木带着全部的激情与希望来到了这里，来到了革命圣地延安，并于同一年光荣地加入了中国共产党，成为了一名真正的无产阶级战士，开始为伟大的革命事业毫无保留地贡献着自己的每一分光和热。

早年间，在冀中时期公木先生就曾大量阅读古体诗词，那是他诗歌的启蒙，考入北平师范大学后开始接触五四新诗和左翼思潮，到了延安他的视野进一步开阔起来。正如他在《我爱·后记》中说的那样："我不只阅读屈原、司马迁、陶渊明、李白、杜甫、苏东坡以及惠特曼、聂鲁达、歌德、泰戈尔、普希金、莱蒙托夫、马雅可夫斯基，而且还发现了信天游、兰花花、骑白马、打黄羊，走西口、绣荷包以及像杂花生树、群莺乱飞般无数无数生动活泼的民歌小调。凡此一切，都启发并助长了我的审美意识，都在我的诗作历程上留下或深或浅的痕迹。"写于1938 年的《岢岚谣》，正是公木先生对民歌体叙事诗的初啼之声。

三月里，

三月三，

春风不上岢岚山。

河滚冰，

鸟啼寒，

塞外黄沙遮青天。

东流一道川，

西流一道川，

两川之间好田园，

两川之间有好庄子名叫三丈湾。

开篇即显示出了强烈的民歌风采，主题内容也是公木先生之前农民题材诗歌的延续。比《父与子》更为进步的是，《岢岚谣》中父子两代人在中华民族生死存亡的关头，都表现出了强烈的反抗意识。诗歌重点赞颂了娄老汉的"一片忠心如丹染，一片忠心长留人间"。

在"抗战烽烟染遍中华"的时期，公木的这些诗作对于激起更多民众的觉醒和抗争，启发他们去发现和凝聚自身的强大力量，具有强烈的鼓舞和指引作用。

此时，他的诗歌创作在形式上则更多地包含了他对新诗发展道路的探索。除了长篇叙事诗之外，公木先生还创作了一大批短小精悍、宣传意味浓厚、适应尖锐斗争形势、受工农兵喜爱的"歌诗"，《八路军进行曲》组歌就是其中最优秀的代表作。

1938年冬天，公木先生在延安认识了曲作家郑律成，二人因共同的革命理想和创作理念升华了彼此的友谊，便商量着要合作 8 首献给八路军的大合唱。没有领导指派、没有集体研讨，公木先生凭着他对部队的深情，凭着他对战士的崇敬和参加抗战的亲身感受，一笔一笔地刻画了人民子弟兵的不朽丰碑。不到一周的时间，《子夜岗兵颂》《八路军军歌》《八路军进行曲》《快乐的八路军》《八路军与新四军》《骑兵歌》《炮兵歌》和《军民一家》八首歌曲的歌词就在延安的窑洞里诞生了。他在昏暗的小油灯下，裹着一条破旧的毯子，写出了一生中最闪亮、最辉煌的诗篇。

> 向前！向前！向前！
> 我们的队伍向太阳。
> 脚踏着祖国的大地，
> 背负着民族的希望，
> 我们是一支不可战胜的力量……

几乎是一夜之间，从延安到陕甘宁，再到各个根据地，几乎处处都能听到这嘹亮的歌声。正如刘白羽所说，"这支歌如狂飙天落，旋卷整个艰难困苦而又英勇卓绝的抗日战争、解放战争的英雄年代"。1988 年，这首《八路军进行曲》正式被中央军委确定为中国人民解放军军歌。

延安的阳光温暖着他，延安的雨露滋润着他，延安的灯塔指引着他。1942 年，公木有幸作为代表参加了延安文艺座谈会，并听到了毛主席对他说的那句令他终生难忘的话语："写兵好，唱兵好，演兵好"。为了更好地坚持文艺为工农兵服务的方向，让诗歌在战斗中发挥更大的作用，公木先生在自己的诗作中越发追求运用通俗晓畅的语言、群众喜闻乐见的题材，去贴合工农大众的审美诉求，致力于用各种形式的诗歌去为革命服务，用或新或旧、或中或西的形式增强诗歌的感染力和传播力，探索新诗的民族化与大众化。这种探索取得了很大的成效，张宇宏、樊希安在其所著的《公木评传》中就曾提到，"公木的诗既具有浓厚的民歌风的朴素美和古典诗的音韵美，又有现代诗的色彩和外国诗的技巧，可以说，是在继承的基础上创新的，创造了具有中国特色的'公木诗风'"。

这一时期，公木先生的诗歌创作也进入了一个高产期和成熟期。除了农民，他笔下的知识分子形象也具有独特的精神风貌，比较有代表性的是受惠特曼《草叶集》影响而创作的《哈喽，胡子》。

自从对罪恶挥起愤怒的剑，

你不曾把紧握的剑柄松弛。

浮着脂粉的眼泪没有浸软你横起的心，

戳在心窝的枪口也没有吓退你迈进的步伐。

你一启程就向着"自由底王国"，

单凭你正义的直感选定了这个方向。

中国的三四十年代正处于从旧社会走向新社会、从黑暗走向光明的转折阶段，当时的文人知识分子，虽然多数高举着"五四"启蒙精神的大旗，但是彷徨苦闷、迷茫伤感、追寻着光明的内心焦灼和脚步迟缓仿佛成为了一种通病，由此外化于诗歌中的也往往是悲凉、感伤的情绪。但是在公木的诗歌中，我们看到的不是动摇、伤感、脆弱、忧愤，而是坚定、明朗、韧性、乐观，他笔下的知识分子是其自身形象的写照，他的诗歌从来都不以物喜，不以己悲，不是作茧于自我小宇宙中的浅吟低唱，而是永远充满了革命激情和胜利的希望。这是他革命熔炉里锤炼出来的新型知识分子的身份决定的，也是他首先是一个战士其次才是一个诗人的自我定位决定的。

诗人臧克家曾经说过，"一个诗人只有当他和时代的精神紧密的结合在一起的时候，只有当他深刻地以全部生命投入到火热的斗争生活里去，而又能把这种生活真实生动地表现出来的时候，他产生出来的作品才可能是杰出的、有力的、受群众欢迎的，甚至是不朽的。"公木先生的诗作是这一论断的最佳诠释，他与延安其他战士诗人一起，把讴歌抗战，鼓舞民众、救亡图存作为诗歌创作的主旋律，奏响了中国革命战争气势磅礴的交响乐，回应了时代对文学的期待，完成了时代赋予诗歌的使命。

三

经历前仆后继、艰苦卓绝的斗争，巨龙的传人再次屹立在世界的东方。为拥抱光明的时代，为鼓舞翻身得解放的人民，公木先生以高度的政治热情、炽热的爱国激情、真挚的赤子深情高唱着一曲曲气魄雄浑的赞歌，激励大家为了美好的未来、为了幸福的生活而努力奋斗。为胜利欢呼的《中华人民共和国颂歌》，讴歌如火如荼的社会主义建设的《鞍山行》，描绘人民幸福生活的《难老泉》等作品是他这一时期的主要代表作。

1956年，"双百"方针提出之后，文坛上出现了大量敢于直面时弊，正视沉疴的作品，这其中自然少不了公木先生对社会生活的深刻思考。他的《爬也是黑豆》《据说，开会就是工作，工作就是开会》，少了往日激越的基调，多了清醒的思考、毕露的锋芒、价值的评判。"躲开太阳刺目的针芒，俯首注视大地，眼睛才看得真切清亮，头脑也才保持冷静。"（《葵之歌》）他怀着对国家对人民最深沉的爱痛砭时弊，揭露丑恶，"反思引起火炙样的痛苦，痛苦又激发冷峻的思考与遐想。"（《我爱·后记》）

他以中国文人自古有之的铁肩担道义的责任感，为人们敲响了警钟，继续以高昂的斗争精神，成为了新时代捍卫真理的战士，可也为此付出了沉重的代价。

从 1956 年至"文革"结束，公木先生仿佛"运交华盖"，接连遭受"慑于干雷贯耳，迫在酸雨浇头，喘不过气，直不起腰"的多舛命运。可波折与坎坷并未打倒他，他始终"定心不改初衷"，信仰不灭，诗心不死，汪洋恣意的诗情、真诚坦荡的胸怀依旧缓缓流淌在他的笔尖，充盈在他的每一首战斗之歌中。《夜行吟》《荆之歌》都道出了他坚信"启明闪现心中"的信念和矢志不渝的革命意志。这种信念、这种意志，既源于他宽广豁达的胸怀，更源于他对民族和人民深沉的爱，对党和国家坚定的忠，对云开日出的坚信和希冀。

提到六十年代公木的诗歌作品，有一首"歌诗"是不能不提的，那就是我在文章开篇就提到的电影《英雄儿女》的主题歌《英雄赞歌》。据公木先生晚年回忆，1963 年的一天，长春电影制片厂的编导武兆堤，《英雄儿女》的主演田方和作曲刘炽一同找到了他，希望公木先生能为即将完成的电影《英雄儿女》写主题歌的歌词。听完几人叙述的电影故事情节和主题思想后，公木先生被这部具有革命激情、英雄力量和深厚情感的作品深深地感动了。他不禁想起了自己所经历的那些风烟滚滚的岁月，不禁想起了自己 50 年代初曾写过的那首《烈士赞》：

> 当你抱起爆炸筒，
>
> 和敌人一同粉碎，
>
> 敌人永远化作脚下的污泥，
>
> 你就变为一颗灿烂的金星……

以此为依托，《英雄赞歌》的歌词很快就酝酿完成了，公木先生将自己的热血沸腾的感受融入其中，将他对战士们的真挚感情灌注笔端，谱曲后通过与电影故事情节的巧妙嫁接，与情感氛围的自然融合，使这首诗作具有了更为动人的魅力，家喻户晓，传唱至今。

经历了人生的风浪，阅尽千帆，人近暮年，公木先生对世界和诗的理解又多了一份深邃。他的诗作也逐渐从激扬走向深沉，从热情走向理性，从感受走向睿智，生命与思想交互向前，螺旋而升。"犁刻着皱纹，散披银发的童心，是真善美，是智仁勇，是有限向无限的升华。"(《读鲁藜＜鹅毛集＞》)

公木晚年的作品苍劲雄浑，更融入了他全部精神历程所沉淀与升华的省察思辨、诗情哲思，成为了进入另一境界的"人间词"，一种哲学式的审美思索与艺术表达。这或许与他晚年倾心老庄、醉心哲学有关，抑或是他思想发展与学术研究的必然归宿。但这并不妨碍他依旧是一个具有赤诚胸襟的战士歌者。《申请以及有关申请的申请》，他以诗歌为谏书，再次提出了端正党风的恳请；《人类万岁》，即便是探究哲学命题，也依然体现出了一种昂然的革命乐观主义精神。

公木先生一生在文学、哲学、美学、历史学、教育学等诸多领域都颇有建树，他正直博大、赤诚宽厚的人格魅力也如景星庆云一般，令后人崇慕，诗歌创作七十余年，留下的诗作近千首，风格各异，百态万方，对中国的诗学发展作出了不可磨灭的贡献，成为激励我们前进的宝贵精神财富。

"不以诗篇为生命，而以生命做诗篇"，公木先生的一生本就是一部深沉、雄壮、昂然的生命之诗。"生命便是诗人与时代的有机结合"，他将自己生命的轨迹与民族的脉搏、时代的肌理融为一体，发战士之心声、发民族之心声、发时代之心声。

一个时代有一个时代的文艺，一个时代有一个时代的精神。在公木的笔下，革命战士、工农大众成为了一个个鲜明的坐标，绘就了那个时代的精神图谱。

北方无垠的黑土地，如梦般辉煌过的长春市，是公木的第二故乡，也是他付出爱、得到爱最多的地方。

"你把一代底精神，赋以活的呼吸，吹向来世"……

虹云：晚虹如丹映云天

温婉雅韵，她诠释了声音美学的细腻柔情；退而不休，她致力于中华传统语言文化的经典传承。字节发于唇齿，电波传遍万家，抑扬顿挫间描刻了一个时代的印记，起承转合里是对岁月的跌宕铺陈。年逾古稀，依旧是"拼命三姐"，穿梭世界各地，奔走幕后台前，紧握文学艺术的火种，引导语言文化的正道归途。

那是 2019 年的最后一天，窗外银装素裹，屋内暖意融融。虹云老师缓步走来，迤迤然，从容温和，让我忽而明晰老子所云的"大音希声，大象无形"。艺术情感升华到一定的极致后，很难用直接的语言表达，但却融为周身的气质，即使是花白的发梢，历经岁月的沉淀，在时间的深处也遥遥射出一种银白色的光亮，每一道光，都散发着生命的厚度和硬度。

"好学生"开启的金色梦想

像一曲幽兰，虹云老师娓娓道来。她的声音像是有一种神奇的魔力，悄悄地盘旋在耳边，而后凝结在空气的浮动中，继而带着人们的思绪，轻盈地飘向那个叫从前的地方。

虹云出生时家道就已衰落，一岁丧父，母亲带着六个孩子，还有一个眼盲的奶奶艰苦度日。"是新中国的解放救了我，不然我就要被送人了……"。儿时的贫困带给她的不仅是性格上的坚韧，还有对祖国根植于心的赤诚，以及对记忆里那一缕书香的传承。纵使家徒四壁，仍供奉孔子牌位；纵使变卖家当，仍坚守最后一套书籍。崇尚知识、热爱读书，在"忠厚传家久，诗书继世长"的家训中，小虹云慢慢长大了。

虹云是新中国的第一批小学生，其实本应该上幼儿园的，但是那时家中条件已不能支持去私立幼儿园上学，幸好新中国的解放使市里有了公办的小学，并且有了相应助学金的入学政策，直到参加播音工作，虹云都一直在免费上学，所以她说那是一个"金色的童年"。新中国刚刚解放，百废待兴，虹云家里依然清苦，连一个竹笛也买不起。但那时有各种各样丰富的活动，学习打电报、手语、旗语，充实也快乐，长在红旗下，她把自己看成是党的孩子。那时学校里有一位代课的音乐老师，看见孩子们用红的、黄的电光纸一圈一圈缠指挥棒，就教他们用玻璃片削掉柳棍的外皮，再用砂纸细细地打磨……手里这根模样初成的指挥棒，在一个刚刚5岁的孩子心里，深深埋下了一颗关于音乐、关于艺术的种子。"让我们荡起双桨，小船儿推开波浪……"这朗朗的歌声承载了她对那个时代的最深记忆，素年韶光，张开襟怀，拥抱一切新鲜空气和温暖阳光。

如果说"抱朴守正，笃学敏行"是虹云后来对自己的要求，那么"好学生"就是儿时她对自己的标准。她给我们讲了一些童年的趣事，在当时，她觉得自己的班主任曹老师特别美，那时候刚解放，曹老师常穿着一套列宁装，英姿飒爽。印象特别深的就是在第一次考试，虹云获得了第 11 名的好成绩，老师非常高兴地把她抱起来，轻轻放在讲台上，她自己都不知道怎么回事，但是老师笑着对她说："你是个好孩子，以后你也一定会成为好学生！"，从此"好学生"三个字伴着她一路的学习和成长。虹云笑着说，其实她小时候有一个绰号叫"小白薯"，缘何而来呢？原来跟她同校还有一个小哥哥，也在虎坊桥小学，因为家中贫苦，没有精粮吃，他们兄妹俩带饭时总是带着白薯，所以同学们就给小哥哥起了外号叫"白薯"，虹云就成了"小白薯"，当曹老师知道这件事情之后，就对她说老师爱吃白薯，用精粮换她的白薯。老师的所作所为，像一粒花种，在她的心里扎下了根，慢慢成长了两个嫩芽，一片是真诚，一片是善良。这直接影响了虹云长大后的人生观，与人和善温暖，恬淡处世，小到帮助一个人一件事，大到心里怀揣天下万物，每一次伸出双手都带着暖意，每一次回眸都留下浅浅的笑靥，如风雨后的彩虹，给季节以鲜艳；如绵白的云朵，给天空以通透；如幽静的兰花，给生命以淡泊……

虹架桥，云铺路，电波传万家

摘下红领巾后的三个月，她就走到了话筒前。1960 年，还是中学生的虹云就被选拔进了中央人民广播电台。当时，中国广播事业大发展，急需一批播音员。当时她的原名是冯云，但是广播有一个特点，就是播音员的名字要好听、好记，让听众一听就能记住。当时林田老师的节目要播出了，冯云还没一个满意的名字，林田老师说，"姓冯名云，'虹云'，你觉得怎么样？这个名字虽然音节不是太响亮，但还是挺浪漫的，很有意境……"就这样，虹架桥，云铺路，虹云温婉细腻的声音随着电波传遍万家。

字正腔圆、抑扬顿挫，从小就是好学生的虹云，在去了中央人民广播电台后，也延承了中央台的工作作风，一丝不苟，严谨细致，基本功非常扎实。作为党的宣传队伍中的一名新兵，在《对晋绥日报编辑人员的谈话》《在延安文艺座谈会上的讲话》这样的理论下学习成长，在工作之初就夯实了对马克思主义在意识形态领域的认知，在后来的工作中，他一直坚持马克思主义新闻观，自觉承担起高举旗帜，服务人民的使命任务。

1965年，毛主席关于"努力办好广播，为全中国人民和全世界人民服务"的题词发表，更加激发了大家办好广播的热情。在当时学院的老师中，齐越是我国广播事业的第一位男播音员，是新中国广播事业奠基人之一，也是整个播音界的宗师，他带着包括虹云在内的年轻学员一起学习。当时实行"郭兴福教学法"练兵，学雷锋、学大庆、学大寨、学解放军……所以虹云也成为了一位随着时代一起成长的播音员。"拼命三姐"是齐越老师对虹云的评价。知百姓冷暖，看国家变化，中央台每年都会组织工作人员去基层了解民生。1972年由虹云播送的长篇小说《海岛女民兵》在录了12遍之后，自己始终不满意，于是她便跟组织申请去条件艰苦的戍边海岛体验生活。一个月后，开始录制第 13 遍，声声入情，深刻体现了工农兵的特点。优秀从来不是与生俱来和一蹴而就的，量变到质变，是一个漫长的过程。

1987 年，中国第一档谈话节目《午间半小时》开播，虹云和付成励担纲主持，这个探讨改革方方面面的"午餐桌上的话题"立刻引起了全国轰动。在《午间半小时》的虹云依然是"拼命三姐"的本色。由播音员转向主持人，为把新闻腔改掉，她说："付出的那份劳动只有我自己知道，只有练、练、不停地练。"那时虹云已经有了很大的知名度，一次她收到了宁夏某中学的来信，说他们一个班的同学都愿意做虹云的孩子。别人都为虹云高兴，可她却因此反省自己，是不是播音中母爱成分太多，因此缺少了知识性，权威感？是不是应该在语气上作一番调整？这以后，她就一个女大学生出走的呼吁、对父母虐待儿童的谴责，都引起了很大的社会反响，大家普遍认为虹云播音的分寸感恰到好处，这种播音状态也令同伴们叹为观止。没过多久虹云主持人的形象就在听众心中确立了："一个 40 多岁的典型中国妇女形象，有母爱、有学识、有抱负、感情细腻，而且豁达大度，乐于助人。"很多青年人给她写信，甚至说出很多对父母都不曾讲出的秘密。那时她的心中早已种下愿景："中国还没有自己的播音学。播音是一种艺术、一项事业、一门学问，值得用毕生去追求。我希望能与同伴们建立起体系完善的播音学。"在这之后，她朝着自己既定的目标行走，每一步都行的踏实也艰难，人生没有所谓的捷径，"合抱之木，生于毫末；九层之台，起于累土；千里之行，始于足下"，所有的事物都是一点一点积累，从无到有。《易经》说："渐者，进也"，做事时唯有像渐卦中的大雁那样，先是飞到水边，再到磐石上，再到小山上，再到山上的树杈上、山岭上，再到大山上，从低到高，从近到远，有条不紊地按节奏飞行，虹云就是这样，用心用情用功，她终成一代声音的巨匠。

退而不休，致力传承

从收音机里的播音员到电视荧屏上的主持人，再到如今退休后舞台上的朗诵大家，这是跨界，也是虹云对时代变革以身践行的回响。在跨界的问题上，虹云对于什么是朗诵提出了很多令人深思的话题。首先是朗诵和表演是不一样的。因为朗诵要解决的是文学艺术作品当中，除了戏剧和已经归到曲艺类的相声这样的语言节目外，小说、散文和诗歌怎么读的这部分问题，因此这不是表演的心态，而是要给观众来诠释这个作品。比如说《将进酒》，并不是以演绎的身份去演李白，而是以自己朗读者、朗诵者这样真实的身份去解释李白当年创作《将进酒》是怎样的思想和感情，所以我们需要对作品有驾驭和分析，而不仅仅是扮演。其次是主持人和播音员也是不一样的。播音员是用一篇一篇的消息和文章来锤炼自己的业务，主持人是以节目来历练。广播和电视这种传播媒介载体形式不同，主持人和播音员的创作和业务形成也不太一样。很多播音员在广播里听非常优秀，在电视上表现也很好，但是到舞台上就不出彩也不出众。因为把广播播音员的方法拿到舞台上是行不通的。同时很多电视上的播音员也很漂亮，但是开口没功夫，也不能很好地在舞台上面展示，电视机就像是方块把他们框住了。

"其实最重要的我还是强调'业务'"。说到这里的时候，七十多岁满头银发的虹云双眼泛红略显激动，她十分郑重地强调一定要走语言文化的"正道"，这是她的心声，也是她虽高龄之年仍退而不休四处奔走的原因所在。在她自身的成长过程中，在中央人民广播电台这支优秀的队伍里，她身上流淌着前辈们交给她的这样一些东西，亟须提倡和传承。虽然朗诵的属性是文学艺术，但是它又和戏剧、相声不同，它有自己的独特，需要良好的社会推动和正确的价值判断，特别需要专业工作者的引领，而这样的专业工作者又不能太物质。因为语言文化本身还有一个正道的问题，必须要提倡"言为心声"的创作，虹云引用了《礼记乐记》中的一段文字来解释说明："故歌者，上如抗，下如队，曲如折，止如槁木，倨中矩，句中钩，累累乎端如贯珠。故歌之为言也，长言之也。说之，故言之；言之不足，故长言之；长言之不足，故嗟叹之；嗟叹之不足，故不知手之舞之、足之蹈之也。"因为心有所想，心有所动，才能够有所言，言不足以表达的时候就要长言，长言不足以表达就要长吟，长吟不足以表达就要高歌，高歌不足以表达就手之、舞之、足之、蹈之。实际上语言文化也正是应该走这样一条正道，虽然它并不是特别明显，不像喜剧那么容易投入进人们的生活，但这是人类语言的基础，并且这个基础要解决的问题就是人要说真心话，不说套话，不说大话，当然更不能说假话。所以无论是朗读也罢，朗诵也罢，都要走一条语言文化的正道！

对于小孩子来说，嗷嗷待哺，当他的妈妈抱起他第一次喂奶时，他所发出的声音就是最好的发声练习，这时他的语言就开始了，最后以医生对于人死亡的最终判定脑死亡结束，那也就是说他再也不能思考问题，也不能说出正常的话语。所以语言是思维的物质外壳，通过语言去修炼是最好的自我训练，包括身心的沉淀和平和。当今社会复杂也嘈杂，很多时候把朗诵的实质忘却了，朗诵一定要以朗读为基础。"我现在也在致力于小学语文的朗读课，朗读是人类的一个创造性的劳动，我们都曾被老师叫起来读书，但是咱们现在的语文，长期教育存在一个问题，还不光是现在以前就存在，叫重文轻语……"孩子到上学年龄，以识字为前提，但是如果朗读只停留在识字的水平上，就太浅显了。从前老师打分，只要不读错就会给高分，这是不行的。因为见字出音有两种条件反射：一种条件反射是简单的像巴甫洛夫的信号规律，建立的是信号系统，孩子在认识文字的过程中，只要一读书，把文字变成有声语言，就进入了创造性劳动。它应该是什么？眼睛识字。他必须要输入到大脑里面，大脑就像是有一个编程，然后再输出到嘴上读出来。而我们要求建立的是这样一个过程，要有理解的基础，孩子的心理过程才发育的完善，所以在学校语文积累的过程阶段，实际上是要给孩子形成这样一个过程。比如说山，读汉语拼音音节，是一个方块字进来的感觉，而如果问孩子看见了什么，那是山，大山的山，它是有字形、有字义，还有字音三位一体，这才是我们教学的目标，我们要让孩子从小接受到艺术语言的熏陶和训练，在人生之初，含英咀华，砥志研思。

"很庆幸也很感谢现在有很多文艺工作者和我一道，我们一起弘扬传统文化……"虹云很感谢她的搭档刘纪宏老师，他是中央军委政治工作部话剧团国家一级演员、导演，也是著名的表演艺术家，能够放下拍影视剧工作，和虹云一起做公益朗诵事业，传播语言文化的正道，这也正是由于对中华传统文化的传承和对朗诵的重视。虹云认为，朗读实际上应该是现代文化生活人们必备的一个功夫，它不单是口才，也不是个人、不是一时的事，而是所有人一辈子的事，我们的祖国要提高人民素质和文化素养，语言是最好的方式，语言审美多层次，有口才并且规范，这属于艺术范畴，所引领和提倡的东西也更加全面，用语言塑造民族精神，用文化和教育的力量塑造未来。

午间半小时，熔铸了一代人的声音记忆；一台收音机，收录了流金岁月的世间万象。她是京杭运河阴柔的一捺，虹架桥，云铺路，电波是她的翅膀，传遍祖国南北的是爱、是暖、是希望。大半个世纪的长吟和呐喊，是对中华民族优秀文化瑰宝的弘扬和坚定，退而不休，致力语言文化的正道传承，彰显文化自信，传播中国之声。却顾所来径，苍苍横翠微，遥望地平线浅浅的那端，虹销雨霁，彩彻区明，碧空中舒卷的云指引着人们行进的方向，那云，色如雪，柔如水，阔如海，动如烟。

人物简介

虹云，原名冯云，1944年6月生。1961年毕业于北京广播学院新闻系播音专业，1965年毕业于中央广播电视大学（后改为北京广播电视大学）中文系。1961—1994年先后在中央人民广播电台播音部和综合节目部做播音员和主持人。1985年受聘为主任播音员。1992 年受聘为指导播音员，并享受政府特殊津贴。1994 年调入中央电视台海外专题部，仍受聘为播音指导，并兼任中国广播电视学会播音学研究会常务理事，主持人节目研究会副会长，北京朗诵艺术研究会理事，北京广播电视学院、天津国际女子学院客座教授。2019 年 10 月，入选"70年 70 人·杰出演播艺术家"。

韩美林：弘天地之至美，养玄机于深林

宋代大哲张载在《西铭》中说："乾称父，坤称母；予兹藐焉，乃浑然中处。故天地之塞，吾其体；天地之帅，吾其性。民吾同胞，物吾与也。"意指民为同胞，物为同类，一切都是上天赐予，表达了他的大爱情怀。"民胞物与"即源于此，这四个字也正是韩美林先生自我的写照，是他最喜欢书写的。名家手眼，落笔入心，大道之行，仁者爱人。

韩美林先生是 2008 年北京奥运会吉祥物福娃之"父"，他设计的中国国航凤凰标志将中华民族美好、祥瑞的祝福传至世界。他于 2015 年获得联合国教科文组织授予的"和平艺术家"称号。他曾说"是博大精深、绚丽多彩的中国文化让世界认识了韩美林"，也是他，赢得了西方对东方文化艺术的了解和尊重。"各美其美，美人之美，美美与共，天下大同"，超越地域时间，跨越文化种族，在平等对话中践行"文明互鉴"，他将中国传统文化绘入世界文明的宏图。

挥毫。他懵懂启蒙，五岁写字，书写了一代笔墨传奇。从贺兰山到三江源,追寻那些无人能识的天书,赓续中华文化的血脉……

天工。从大连到亚特兰大,从杭州到新加坡,他的雕塑,是城市的守望,是文明的图腾,是历史的珍宝,是岁月沉淀下来的一个个见证……

丹青。情生艺,艺需技。翰墨书香,氤氲缱绻。他的画卷有神骨、有大道、有温度,在中华美学的强大磁场中,以一种丰碑的姿态亭亭伫立……

匠心。陶瓷、玻璃、木雕、紫砂壶,从非洲到拉美,从东南亚到大洋洲土著,扎根在中华大地,放眼于世界百态……

韩美林的一生充满传奇。

红心铸魂,匠心筑梦

1936年暮冬的一个清晨,在济南皇亲巷一栋破败的老屋里,韩美林呱呱坠地。出生在那个年代的人都有很多时代不幸的标签,这些标签都一个不落地贴在了韩美林身上:家境贫寒,幼年丧父,与奶奶、妈妈躲在破草房里相依为命,苦难的童年自不必说。直到1949年4月新中国成立前夕,12岁的韩美林参加了解放军,给万春浦司令员当通讯员。韩美林清晰地记得,部队里的军装尺码都是成年人的,但韩美林却迫不及待地换上一身儿,卷起袖子和裤腿儿,感觉自己倍儿精神。这身军装对于一个12岁的小战士来说,是一种崇拜,也是一种象征。本来通讯员是负责给首长牵马的,但是由于他个子小跟不上趟儿,万司令经常探下身子,拽着他的腰带一把拎上马。现在回味起来,韩美林的脸上还浮现着几分自豪和神气。后来万司令看出韩美林喜欢画画,就把他调到了烈士修塔委员会。在那儿,韩美林初识雕塑和油画,真正开启了革命摇篮的艺术生活。

"一个好兵",这是韩美林透彻而纯粹的信念。这也是他的"初心",是他贯彻一生的使命。对社会主义,韩美林说从小就是一种崇拜。自己是个穷孩子,在共产党的带领下当家做主人,他要用一辈子去回报祖国,这是他在少年接受启蒙时就根植心中的。2016 年 10 月 11 日威尼斯大学推举韩美林为"荣誉院士",当时韩美林说的第一句话就是:"今天在这座具有 500 年历史的大学里面,我能代表千百年受苦受难的中国人民获得这个荣誉,非常激动,非常感动,感谢我们的祖国,感谢我们的民族,感谢我们的人民培养我,我尽了我最大的力量。我拿到这样一个荣誉,我会继续努力,继续为国家争光。"在韩美林看来,就像任何事物的发展都不是一蹴而就一样,爱国也不是一时和流于表面的,而是一种伴随,像空气和阳光一样,伴随着人的一生。"把作品捐给国家"是他掷地有声的坚持;优秀民间艺术传人扶助项目、福娃希望小学项目、清华大学韩美林艺术奖学金……拳拳爱国心,殷殷报国志,这些都是他身体力行的表达。

"真正的艺术家,应该是一个大写的人,给人以美,给人以善。把大美、大善传达给世界,这才是艺术家的天职。"韩美林很喜欢画马,也正是因为在部队的那段经历。他带着我们沉浸在那段悠远伤感的回忆中:当时,部队在济南齐河县焦庙休整,战场上的伤病员都被妥善安置和收留,很多二级残疾、三级残疾都回家复员了。可是那些驰骋沙场的战马又命运如何呢？有些伤病马，断了腿不能行进的、瞎了眼不能干活的，"枪毙"是它们最终的宿命。直到现在，韩美林还记得杀马时，饲养员、通讯员、老乡们，不管是老人还是孩子，都哭成一团。尤其是骑兵根本就不敢看受伤的战马，甚至还有人当场哭晕过去。俗话说，老马识途，马是通人性的。人在哭，马也在默默地流泪，这泪水流到了韩美林的心里。冯骥才先生曾经问他，画马怎么不画蹄子，韩美林说："一画蹄子就站在那儿，不活了。"他要的就是那种奔腾如飞、御电乘风的感觉。

　　时至1953年，韩美林从部队转业，成为济南南城根小学的美术教师。当时他比学生大不了几岁，但与生俱来的天赋加上部队修塔时的实践美术经验，执教不到两年，就出版了《绘画基本知识》等专业美术教材，成为一个名副其实的"少年天才"。这时，他遇见了自己艺术道路上的第一个贵人——乐薇，上海美术学院的学生，她鼓励韩美林一定要去考中央美术学院附中。面试中，庞熏琴老师看到韩美林的天赋，便直接说："你这个小鬼别考附中了，直接报考中央美院吧！"在大家的支持下，21天不分昼夜地拼命补习，导致双眼假盲八天，他涅槃重生，顺利通过高考。

　　1955年，韩美林第一次来到北京。他人生地不熟、东奔西走，好不容易才找到了中央美术学院。监考老师拿着一箱长条"面包"让同学们过来领，韩美林心想：到底是中央美院，考试还发早点。不到十分钟，同学们就都伸着脖子干嚼完了。当考试铃响，董希文老师来巡场时，才发现同学们的"面包"吃光了，董老师大笑着告诉大家"那是擦炭画用的",最后只好每位同学再领一根。很幸运,韩美林被中央美院正式录取。上学时,韩美林是学生会秘书,更是同学中的佼佼者。他是班里年龄最小的,却是班里唯一一个曾经出版过绘画书籍的同学,他的《绘画基本知识》大家都很佩服。努力刻苦,风趣幽默,喜欢唱歌,笑声明媚,是他青春的一串剪影。

那时周令钊先生正是韩美林所在班级的班主任。周先生绘制过天安门城楼的巨幅毛主席像,绘制过原中国历史博物馆的巨幅壁画《世界人民大团结》等许多项目,是真正的大师。其中关于人民大会堂的主会场穹顶的设计最令人叫绝。

人民大会堂的主会场万人大礼堂,跨度达76米,高度和纵深都比已经完工的政协礼堂大,穹顶吊灯的设计安装成了难题。政协礼堂是按照八百人的规模设计的,在施工过程中吊灯因为承重的问题掉下来,砸碎了40多个座椅,这是很危险的事情。周总理找来了周令钊询问办法。当时周令钊老师拿着纸笔,边比画边说:"这还不容易,满天星,满天星嘛……"随手用铅笔在稿纸上画出了中间是五角星,整体以满天星的环形结构向外延展的设计草图。总理拿过来一看,就揣在兜里说:"好!散会!"这正是今天我们看到的人民大会堂万人大礼堂穹顶满天星的雏形。按照这个方法,不但突出了全国各族人民围绕五星红旗的理念,而且在建筑结构上易于实现,既美观简洁又突出主题,令人拍案叫绝。韩美林亲眼看见了这一方案的诞生,对周令钊先生的才华钦佩不已!他发誓这辈子也要做一个像周令钊先生这样的人,这是他在青年时期就抱有的最朴素的想法。

"没有文化的文化最可怕!""说的话重重的,看的事淡淡的!""艺术家活着要有价值,别活得有价格。"这些脍炙人口的韩美林语录,正是他做人的态度。年少时的领路人尤为重要,就像一件雕塑,挥舞刻削几下,格局初成。"不忘初心"的信念,历经波澜沉潜,在岁月更迭、沧海桑田中矢志不渝,依然搏动着崇高的理想追求和强烈的家国情怀。

志坚行苦,大地寻根

冰河席卷,苦难降临。1967 年 5 月 8 日,韩美林莫名其妙地被扣上"反革命"的帽子,锒铛入狱。在这个曾被冯骥才先生形容为"人间地狱"的"洞山 100 号"监狱,韩美林饱受折磨。人睡在马桶旁边,吃着腐烂变质掺着沙子和污泥的食物。有一次他替管理员刻章,捡到了半碗长着白毛的馊饭,狼吞虎咽地扒拉到肚子里,感觉简直是无比的美味。除了非人的待遇,死亡的威胁也数次降临。有一次,韩美林被拉去给死刑犯陪绑,当时他真的以为自己要被枪决了,看着前面两枪枪毙了两个狱友,他昏死了过去。那个时候的韩美林只有一个念想,就是活下去。幸亏有一位叫陶世良的狱警对他多加照顾。当时有一位朋友托付陶世良——能不能把韩美林接出来见一面,并且吃顿好饭改善下生活。陶世良左思右想,终于想出一个假借带他看病的主意,因为那个时候韩美林的身体确实不太好,体重只有 72 斤。没想到,当陶世良去监狱提人时,韩美林却坚持说自己没有病,无奈之下陶世良只能厉声呵斥:"韩美林,给你看病是对你的关爱，你不要不知好歹！"就这样，陶世良好不容易把韩美林带到了那个朋友的处所。朋友知道他受了很多苦，就鸡鸭鱼肉摆了一桌，韩美林很激动，以为自己的问题即将解决、冤屈即将洗清。但是朋友告诉他说："现在谁顾得上你？"韩美林再一次陷入了失望和忧郁，满桌酒席硬是一口都没吃下去，回到了那方狭窄的天地。

在那个混乱的岁月里，也不乏怀有良知的正义之士，给予韩美林春天般的温暖。马骏是当年淮南陶瓷厂保卫科科长，在别人都不敢搭理韩美林的时候，马骏暗地里想着法子护着他。那年周总理去世，陶瓷厂要扎白花。为了让韩美林轻松一些，马骏借口说他剪得最好，让他来干。"文革"期间造反派批斗韩美林的时候，用石膏写了一个几十斤重的牌子，让他挂在脖子上，铁丝勒进肉里，他当时腿骨还是碎的，怎么也站不稳。一个姓方的造反队员说要砸烂它，一棒子就把石膏板砸碎了，给他找了个纸板挂上了。韩美林明白，那是好心人变相地救他。

在当时那么严峻的情况下，他们还敢对韩美林这么好。时乱见忠奸，艰难时才能看出人的品质高下。正是因为这些温暖的力量，这些苦难反而成了打磨和锤炼，粗粝的生活，给了韩美林更加鲜活的生命力，使他得以度过"岁月劫波"。

在那个年代，那种环境下，很难想象韩美林仍然保持着对绘画的渴求。陶世良偷偷送来纸壳板、旧报纸和画材，韩美林用水浸润，模仿宣纸的效果。虽说那时的韩美林还没有洗清冤屈，但他非凡的艺术才能在不断地积蓄，积累，最终爆发。在监狱里度过1900个日日夜夜的韩美林，终于出狱了。重获自由的他开始拼命创作，高压下精神思想的爆发是不可遏制的，创造力也是不可估量的，他的艺术灵感如炸裂的火山一般。

心灵纵横深处，他是大地的儿子。在一次采访中，他曾说："我是陕北老奶奶的接班人。"韩美林在绘画、书法、雕塑、陶艺、设计等诸多艺术领域都达到了很高的造诣，犹如他所说，"艺术的灵感就像开闸的洪水，奔涌而出"，这源泉，就是在时间长河中沉淀千百年的中华民间艺术。

韩美林认为，艺术家必须走在时代前沿。他的艺术创作与时代联系极其紧密甚至超前，且深深扎根于生活。他讲了这样一段往事："为什么我画一生，哪怕我再画一辈子，我的作品都不会重样的，因为我在最底层，我的脚就踏在这个土地上，我跟这样的人民在一起，同吃同住同哭。怎么同哭呢？没饭吃啊，同志们，我们唱着人家的歌，演着人家的戏，结果人家饿得没饭吃。我们到了洛川，就是那个'山丹丹开花满山坡，咱陕北变成金银窝'的作者，老头没饭吃，穿着一条破棉裤，里面也没有衬裤，年纪大了，有时憋不住尿，那个裤子骚的啊……县里陪我们一起去的一个女干部，一直嗑着瓜子，哪个地方有摄像机，她就凑哪儿去，我们整个拍完了以后，发现这个片子不能用了，全是嗑瓜子的声音。后来，她受不了这个老人身上的骚味，跑了。那个女干部走后，我们两个抱在了一起。走的时候，我给那个老头一千块钱，他跪下给我们磕头。我拉他起来，我说，我跟你说句心里话吧，我是来向你学习的……"

为了追寻民族艺术的根源，韩美林用脚步丈量大地，游走民间，去寻找美、体验美、创造美。走过陕北老奶奶的剪纸摊儿，走过山西大姐的面人铺儿，走过养育中华文化的每一寸土地……他称为"艺术大篷车"的活动至今已持续了40多年，他曾说："这个民族，我舍不得！"是的，祖祖辈辈的父老乡亲生于斯长于斯，每一方乡土都深藏着它的秘密，这一切点燃了韩美林的艺术灵性，是他从事艺术创造永远的精神原乡。而他，也以美学的、情感的方式去解读民间艺术，将生活的五味杂陈升华成艺术美感，也让中华文化更加璀璨富有灵魂。韩美林艺术中的细腻、灵动都与他在漫长的艺术追寻道路上的经验历练、生命体验息息相关。

古道声声，烟尘漫漫。韩美林历经34年时间，从全国各地的甲骨、石刻、岩画、古陶、青铜、陶器、砖铭、石鼓等历代文物上搜寻记录了数万个符号、记号、图形和金文、象形文字等，霜春雨薪，不倦筋力，终成巨作——惊世的书画集《天书》。他以书画合一的方式，对中国古文字做出了独特的诠释，古朴、大气又赋予当今鲜明的时代脉搏，俯仰古今，见微知著，从尘封的历史和平淡无奇的笔画中，做到历史与现实相通，禅意相融，这是中华文化从遮蔽到澄明的拯救，源于韩美林数十年的心血倾泻凝结，将那些带有绘画基因的古文字复活原初、延绵在岁月斑驳流变的光影里，那是书画艺术与人、与天地自然美美与共的神性光辉。

一生上善如江河，一世热忱是家国

吞吐古今，驰骋中外，至真至美和非凡识见，构成了韩美林艺术最为引人关注的表达向度。1980年，新中国向世界敞开了大门，韩美林率先走出国门举办画展，以他特有的灵性和高超的画技，把真情和爱倾注于笔端，他的毛茸茸小动物刷水画，感动了无数美国民众。艺术不分国界，而爱，也能感化众生。一位打了一辈子猎的老猎人看了展览，直接把猎枪交给了韩美林，并表示以后再也不打猎。展览在美国走过21个城市，韩美林的艺术第一次收获了来自世界的认可，韩美林也收获了"韩美林日"、圣地亚哥市"荣誉市民"和"金钥匙"等众多殊荣。从此以后的40年间，他的展览脚步从未停歇。到目前为止，他是在中国举办个人艺术展览次数最多、在世界举办巡展国家最多、展览时间跨度最长的艺术家，而且开创了艺术家个人展览走进国博、走进故宫的"第一次"。

东方精神，中华文明，也许是一种地理概念或是一种文化的表达，其实更像是一种让世界如何看待的目光。韩美林以艺术为基础，在海外建构了中华美学和文化身份的认同。1996年，他设计的亚特兰大奥运会巨型城市雕塑《五龙钟塔》从17个国家的设计方案中脱颖而出，成为第一个将自己的雕塑建立在美国国土上的中国人。《五龙钟塔》成为韩美林开启国际文化大门的金钥匙，是他迈向国际艺术大师坚实的一步，向外国友人真切地展示了中国文化艺术的魅力。2005年，他担任北京奥运吉祥物修改创作组组长。"福娃"从设计之初到最后成形、展现在观众面前，用了11个月时间，而韩美林那本创作手稿，一页又一页厚厚地记录着每一个福娃从"出生到长成"的全过程。2008年，韩美林参与了北京的火炬传递，成为第一小组年龄最大的奥运火炬手。

"一旦与祖国沾边儿的任务，我都绝无二话"。全国政协原副秘书长卢昌华的邻居在外事局工作，当年亚洲友协想邀请美国总统布什在访华期间来做一个演讲，但不知道送什么礼物好，就想到求一幅韩美林的画，却又受到经费紧张的限制。于是，卢秘书长帮忙向韩美林转达了外事局的请求。没想到韩美林得知后，痛快地画了一幅，而且分文不取。至今卢昌华仍记得韩美林的原话："国家的事情我不要一分钱，祖国需要我韩美林的地方，召之即来，来之能战。"卢昌华由衷地敬佩韩美林的三个"伟大的心"——充满活力的心、奋斗不止的心、无私大爱的心。

"少怀初衷，今犹如昔"。自2005年起，韩美林将几千件作品捐给国家；在杭州、北京、银川建立韩美林艺术馆，传递着中华地域文化中的历史情缘和文化血脉；热心社会公益事业，多次向国内外捐资赈灾助学，在中国各地捐赠的希望小学达十几个；每年12月21日是"韩美林日"，同时也是"奉献日"，资助、捐献、公益是不变的标签。韩美林以谦卑的姿态、感恩的内心、崇高的敬意来礼赞、致敬艺术之源，回馈祖国大地。

浮漾在他水墨线条间的正是纯真、童稚和爱，艺术就是他内心的映射，永远不知疲倦。他的一句口头禅就是"我每天都在进步"。挽救濒临灭绝的文化传承，参与传播世界各地的文化交流，关注公共艺术并投身社会公共美育发展……这一路，他事必躬亲，并乐此不疲。"韩美林全球巡展"一路走过了威尼斯、北京、巴黎、列支敦士登、首尔等地，以艺术去弘扬"和平""多元"的文化世界观，传递中华民族传统文化，推动人类携手建设更加美好的世界。

年岁有加，犹如孩童，孜孜不倦的背后，是他俯瞰岁月的从容。韩美林说自己永远不退休，因为艺术是无止境的，人到了年龄可以退休，但艺术家在艺术的道路上永远不会退休，82岁的他才刚刚开始。在杭州、北京、银川艺术馆的大门口都有这样一句话："上苍告诉我，韩美林你就是头牛，这辈子你就干活吧！"韩美林的生活也就是这样，几十年如一日地埋头创作，为此他戏称自己为"宅男"，"就在家里画画，但是我们一抬头就走向了世界！"

未泯童心，葆有童趣。毕加索曾说："我花了四年时间画得像拉斐尔一样，但用一生的时间，才能像孩子一样画画。"耄耋之年的韩美林，在艺术上依然保持着童心。他向我们讲述，因为常年低头导致身体里有一块很大的血栓，很多医生都因压力太大，不敢为他做手术，后来卫健委的领导只好亲自点将。当韩美林术后醒来以后，发现自己脖子被侧绑着，还敷着大冰袋。医生、护士们看他醒来都非常高兴，关切地询问他感觉怎么样。没想到他却笑着说："你们看我这个样子，像不像跳新疆舞的？"往来生与死之间的幽默，推己及人的周到和体谅，不仅仅是他的智慧和修养，更是他的仁慈和善良。

见字如面，见画识人，笔下之物均为心中之幻象，幻象之源皆基于自然之物，韩美林就是这样将世间景象营造出灵动超然、静心如水的艺术场域。在韩美林看来，艺术家首先要学会做人，第二要有生存本领，第三要为国家为世界有所贡献。一个国家、一个民族不能没有灵魂。"培根铸魂"，韩美林身体力行，德艺双馨。从艺七十载，丹心系国运，他手中的妙笔，不仅挥毫泼墨，也能针砭时弊，以文字抒发他的赤诚。连任七届全国政协常委，35年从未缺席。会上会下，他直言不讳，不遮不掩，"献计献策不献媚"，他的话发人深思，也振聋发聩。清华美院，孕育桃李，言传身教，为国家培育良才……

幼年从军，对人民、对祖国、对艺术的一腔赤子之心，追寻大地，深悟生活，以"大写意，明大道"的艺术作品回报世界！此乃美林之"大"也。

多才多艺，古今奇才。绘画、书法、雕塑、陶瓷、设计乃至写作等诸多艺术领域都有高超造诣，寥寥几笔，跃然纸上，神韵气质，匠心独具。此乃美林之"奇"也。

深通人性之美、人道之美，向真，向善。天地万物，众生皆爱，以艺术本身的力量，安抚焦灼的灵魂，升腾到美的意境，酣畅淋漓，净化人心。此乃美林之"美"也。

与韩美林同一祖国，同一时代，何其幸也！

有缘拜访韩美林先生，是我的莫大殊荣。8月初的北京，暑气未消，见到韩美林先生，却如好风南来，习习生凉，沁人心脾。心对其人，如饮甘霖。在北京韩美林艺术馆，书法、绘画、雕塑、陶瓷、艺术设计……置身于这琳琅满目的艺术殿堂，身心受到极大震撼，不得不让人对这位老艺术家的创作活力、创作激情和艺术成就感佩不已。刚刚从美国回来两天的韩美林先生，顾不上倒时差就在工作室接待了我们。房间里的墙上、地下，到处都是他的作品，让人感觉仿佛徜徉在艺术的海洋。

　　虽然已是 80 多岁高龄，韩美林先生依旧十分健谈。他时而慷慨激昂，时而柔声细语，时而哼起民歌小调，言语中让人深切地感受他对祖国、对人民的深厚感情。谈到去贫困地区扶贫的经历，说起那些山区孩子们的困难，他的眼里闪烁着泪光。

　　这就是人民艺术家的殷殷情怀！

人物简介

　　韩美林，男，著名艺术家，历任全国政协委员、全国政协常委，现任中央文史研究馆馆员、清华大学学术委员会副主任、清华大学首批文科资深教授、意大利威尼斯大学"荣誉院士"。他是一位在绘画、书法、雕塑、设计、公共美术等领域孜孜不倦的开拓者，同时也是陶瓷、民间美术等为代表的中国文化传统传承与创新的代表人物。其作品气势磅礴又洞察精微，艺术风格独到而个性特征鲜明。

　　近几年来，韩美林先后荣获"联合国教科文组织和平艺术家""国际奥委会顾拜旦奖""韩国总统文化勋章"，一次又一次成为中国美术界获此殊荣第一人。陆续举办的"韩美林艺术大展""韩美林八十大展""韩美林生肖艺术大展""美无止境·韩美林的雕塑世界",以及先后在威尼斯、巴黎、列支敦士登、首尔等地举办的"韩美林全球巡展",持续引发了国内外观众的强烈关注和热烈反响。

韩志君：心系蓬门写百姓，声出肺腑唱众生

在中国影坛上，可以成功融合编剧、导演于一身的行家里手如凤毛麟角，我省作家韩志君堪称此中巨擘。改革开放初期，他和胞弟韩志晨便以电视剧《篱笆、女人和狗》《辘轳、女人和井》《古船、女人和网》跃上文坛，此后不久，又完成了一个华丽转身，实现编剧、导演"双肩挑"，并先后推出 20 多部电影、电视剧作品，获"中国电影金鸡奖""飞天奖""金鹰奖""东北金虎奖""长白山文艺奖"等多种奖励。这些实打实的荣誉，如精金美玉，光芒四射。

宝剑锋从磨砺出，梅花香自苦寒来

韩志君出生在多子女的家庭，兄弟姐妹七人，父亲母亲像一对勤劳的燕子，风里雨里"衔泥筑窝"，辛辛苦苦地拉扯着孩子们长大。当年的松原市，可并非现在这样的石油之城和鱼米之乡，而是一片以风沙和盐碱著称的贫瘠荒原。

作为父母的长子，作为弟弟妹妹们的长兄，韩志君应了"穷人的孩子早当家"那句话，很小就以稚嫩的肩膀分担父母身上的重负。从少年时代开始，他就上山砍柴、挖野菜、打猪草，上街捡煤核，到粮店排队买粮……从小学五年级开始，这样一个幼年的孩子，没有一个寒暑假是休息的，都是出去过煤斗（用量器帮煤场向客户付货）、打草捆、搬石料、扛木头、和水泥……到处当"小工"，为自己和弟弟妹妹们挣学杂费和书本费。家境虽贫寒至极，但父亲母亲却努力营造温馨、和谐、充满爱的家庭氛围，更极为重视对子女们的教育。他们茹苦含辛、省吃俭用，把七个孩子都陆续培养成大学生、研究生，分别成长为作家、导演、著名经济学家、企业家、教育专家、医学教授等。这主要都是父母的无私付出，但弟弟妹妹们也都知道，其中也有大哥韩志君的一份辛苦和功劳。

有一次，中央电视台记者采访韩志君，问及他童年时代最深刻的记忆是什么，他只回答了两个字："饥饿。"拍摄电视剧《辘轳、女人和井》时，他在外景地看到山野中有一簇马齿苋，禁不住流下热泪。有位女演员惊异地问他怎么了，他说："这是我童年时代的救命野菜。"

物质生活的贫穷与精神生活的贫困常常是一对孪生姊妹。韩志君小时候，与电影没有任何缘分。那时在中国老百姓的文化生活中，电影是艺术女皇王冠上的明珠，几乎是生活娱乐的终极象征。但为了节省那一毛钱一张的电影票，他直到小学四年级才看了有生以来的第一部电影——印度的《两亩地》。那是根据大诗人泰戈尔同名诗作改编的，写农民和土地的关系：财主要霸占农民的土地，拆掉农民的房屋建工厂；农民去争取这块土地，但最后却连带走土地上一块泥土的权利都被剥夺了。这部影片在他的脑海中留下了极为深刻的印象，使他第一次知道了人世间还有一种叫作"电影"的东西，并开始仰望电影的星空，朦朦胧胧地做起了电影梦。

"苦难的童年，是对作家最好的早期训练。"海明威的这句话，说出了很深刻的人生哲理。那些艰难得让人刻骨铭心的日子，那段贫穷的物质生活和困厄的精神生活，却锻造了韩志君吃大苦耐大劳的精神和做事情咬定青山不放松的意志品格。在中学读书时，他就是全校出名的学霸，每一次考试都名列前茅，是多科老师喜爱的学生。更为重要的是，这种出身"寒门"的特殊生活经历，在他的血管中永远地注入了平民的血液，使他鄙夷"朱门酒肉臭"的生活，而是始终让双脚踏在坚实的土地上，与最广大的人民群众同呼吸共命运，努力用自己的作品反映他们的愿望和情绪，倾听回荡在他们心底的呼声。他的作品，总是充满着泥土的芳香和扑面而来的生活气息，人物鲜活生动，让广大观众看了"不隔"，仿佛写的就是他们的左邻右舍，就是真真切切发生在他们身边的人和事。当年，《篱笆、女人和狗》《辘轳、女人和井》《古船、女人和网》播映时，之所以万人空巷，我想绝对与此有关。

鸟欲高飞需振翅，人求上进先读书

韩志君在多种场合都讲过："没有理论支撑的作家是走不远的，没有文学支撑的导演是走不远的，没有文化支撑的演员是走不远的。"正是基于这样一种认识，他先后读了三所大学：东北师范大学、中国作家协会鲁迅文学院、北京电影学院，不断自觉地更新知识结构。他自己总结："在东北师大，奠定了扎实的理论功底；在中国作家协会鲁迅文学院，激发了深厚的人文情怀；在北京电影学院，学到了缜密而又充满创造活力的电影思维。每一次学习和深造，都使我在艺术上完成一次凤凰涅槃。"

到中国作家协会鲁迅文学院读书之前，韩志君作为一个刚刚走出校门的大学毕业生，有着浓厚的理论兴趣，也喜欢读诗和写诗，曾在从中央到地方的报刊上发表过不少理论、评论文字和诗歌作品。到了鲁迅文学院，从全国各省来的文学尖子、文学新锐们会聚一堂，有心平气和的切磋，更有面红耳赤的观念碰撞，也有争强好胜的内心较劲，这一切都极大地激发了每个人的创作热情。读书期间，韩志君先后写作和发表了《邻家嫂子》《长庚大叔和他的海骝马》《雾满落雁岭》等中篇小说，并出版了自己的第一部长篇小说《命运四重奏》，顺利完成了从理论研究、诗歌创作到叙事文学写作的优雅转身。

在北京读书期间，韩志君有机会观看了《苔丝》《这里的黎明静悄悄》《红与黑》《巴黎圣母院》《战争与和平》《一个人的遭遇》《第四十一》等优秀电影，少年时代的电影梦又开始发酵、膨胀，并极其强烈地诱惑着他。在吉林省文联工作时，韩志君幸运地与著名作家鄂华、上官缨、中申、王士美等比邻而居。除了在文学艺术上经常得到这些作家的指点以外，也较多地了解了他们的人生苦旅和创作经历。他们有的经受过战争的洗礼，有的遭受过反右斗争的磨难，更有的在"文革"中受尽肉体折磨和精神摧残。

从鲁迅文学院毕业后，韩志君从吉林省文联调到了长春电影制片厂，这使他与影视剧创作亲密结缘。当年，长影人才济济，真的无愧于共和国艺术殿堂的称号。在那里，他与自己曾翘首仰望的电影艺术家们成了同事，朝夕相处，促膝切磋技艺，进一步开阔了艺术视野，也更加燃烧起创作的热情与激情。不久，应电视台的诚挚邀请，他与胞弟韩志晨一起，把长篇小说《命运四重奏》改编成了电视剧《篱笆、女人和狗》，播出后在全国引起强烈反响。韩志君又趁热打铁，接踵推出《辘轳、女人和井》《古船、女人和网》，进一步实现了从文学创作到影视文学创作的转身。这时，他已经把多项国内影视大奖收入囊中，创作上更增添了许多自信。

20世纪80年代末至90年代初，为了进一步更新知识结构、提升艺术创作水平，韩志君又上了第三所大学，进入北京电影学院高级编剧班深造。在此期间，他立足文学系，同时又格外留意导演系的教学。在世界电影大师研究、观摩经典影片和拉片等教学活动中，他除了认真研究情节设置、人物塑造，更加注意琢磨场面调度、镜头运动、用光、音乐、表演等属于导演系的内容，为日后从事导演创作做了大量的准备和深厚的积累。北京电影学院毕业后，他顺利完成了从单一编剧到编剧与导演合二而一的转轨，连续为中央电视台拍摄了《烽烟飘过的村落》（"冰雪篇"和"风雨篇"），以及反映海南大特区生活的《雾·海·帆》（剧本名为《椰林蕉雨中的女人》）等作品，做出了把书本知识与创作实践相结合的初步尝试。

在艺术创作上，韩志君是个不自满、不自负，总是努力进取的人。他很喜欢的一句话是："涉浅水者观虾蟹，涉中水者捉鱼鳖，涉深水者擒蛟龙。"他不沾沾自喜于涉浅水，也不津津乐道于涉中水，而是志在涉深水。从20世纪90年代末开始，他在长达12年的时间里受命担任长影主管文学艺术创作的副厂长。那时，正是中国电影的低谷期，电影院门可罗雀；也是长影的困难期，拍片根本无资金。他与身边另一位身为导演的副厂长一道，紧密团结、依靠长影老中青三代艺术家，在极为艰难的境遇中，主要靠吸纳社会投资拍片，共拍摄了电影100多部，为长影夺得中国电影"华表奖"8项、"五个一工程"奖5项、"东京电影节"等国际奖15项。与此同时，他还带头走上创作第一线，从社会上募集资金，亲自执导了《美丽的白银那》《漂亮的女邻居》《都市女警官》《浪漫女孩》《大东巴的女儿》《两个裹红头巾的女人》《一座城市和两个女孩》等多部电影。所有这些作品，都从人民群众创造历史的伟大活动中汲取题材、主题、诗情和画意，充满了人民性，在国内外获得多项大奖，也在专家和观众中赢得了很好的口碑。

回顾自己的成长历程，韩志君认为一是读书，二是生活，这是自己创作激情和动力的不竭的源泉。他深有感触地说："唯有厚积薄发，唯有不断更新自己的知识结构，向书本学习，也向生活学习，才能与时俱进，才能在艺术创作上有前瞻性和人文深度，才能不断地把更好的精神产品奉献给广大观众。"

衣带渐宽终不悔，为伊消得人憔悴

当了12年的长影副厂长，韩志君到了退休年龄。他正式卸掉领导职务，又开始专心致志地从事文学和影视创作。

关于年龄，他有自己很独特的看法。在一篇题为《秋荷，听我对你悄悄说》的散文诗中，他借杭州西湖秋日里的残荷咏人，以抒情的笔触写道：

"……那些水中的残荷们静静地望着我，在泛着蓝光的黛色湖面上，连一声低语都没有，却仿佛依然还是满脸夏日的娇羞。她们曾经年轻过，曾经美丽过，曾经风情万种地灿烂了一整个夏日，终于累了老了枯了，可却依然不肯倒下去。她们执拗地迎风伫立，用苍老的笑容面对肃杀的秋天。叶子能绿一天就绿一天，能绿一刻就绿一刻，不愿轻易泛黄；枝蔓能站一天就站一天，能站一刻就站一刻，不肯轻易倒下；即便实在支撑不住了，很快就要沉沦了，也依然拱起弯曲的脊梁，用自己最后的造型装点西湖，装点秋天。那是怎样的一幅水墨画啊，在沉沉的夜色和微黄的灯光中真是别有一番情致。'秋阳不散霜飞晚，留得枯荷听雨声'，我竟想起李商隐的这句诗了……"

诗言志，这字里行间，充分表达了他不甘赋闲、继续进取、不断提升自我的心境。在此后不久召开的中国电视剧导演年会上，他发表演讲，以葡萄牙导演曼努埃尔·德·奥里维拉和日本导演新藤兼人都拍片到90多岁、美国导演伊斯特伍德88岁仍拍出《萨利机长》、斯皮尔伯格73岁仍拍出《战马》等诸多例子，充满激情地提出："中国导演必须克服'精神早衰症'。我们这一代导演都是用几百万英尺胶片和数千盘BET带培养出来的，有非常丰富的创作经验，不释放出来实在太可惜了。日历年龄绝不是衡量一个优秀导演艺术生命的标尺，不要轻易言老，而要不断更新自己的知识结构，永远瞪大惊喜的眼睛注视变化了的生活与人生，多出不同凡响的好作品，不断地超越自己也超越别人！"

这是他的心声，艺无止境。他为此而努力，而奋斗，绝不故步自封。他的努力和奋斗不断地结出丰硕的果实。从领导岗位退下来以后，他先后创作和拍摄了电影《南官河边的女人》《大脚皇后》（获第29届中国电影金鸡奖"最佳戏曲片"提名奖）、《金秋喜临门》（获俄罗斯国际电影节"最佳摄制奖"）、《婆婆妈妈》（获第7届欧洲国际电影节"最佳编剧奖"）《快乐的庄稼汉》（获中国电影家协会农村题材影片"最佳导演奖"）、《耿二驴那些事儿》（由中影和山西省委宣传部合拍，被定为向改革开放四十周年献礼影片）。2019年5月1日，中影授予他"五一劳动奖章"和"突出贡献奖"。在紧张而艰苦的拍摄间隙，他又接连创作出《大清烈女》《戴警徽的女人》《戴翡翠手镯的女人》《戴钻石戒指的女人》《千古风流》《千古诤臣》和新编历史剧《范进》等多部电影文学剧本，有的在《中国作家》发表，有的已经进入拍摄筹备。看，他的生活是如此丰富而充实。

从2013年开始，韩志君受聘于一家大型国际影视公司任总裁。我能为家乡做些什么？这个想法一直萦绕于他的心中。于是他创作了反腐倡廉题材的《大唐女巡按》，同时写出了电影文学剧本和舞台剧本，并拿出一部分资金与吉林省戏曲剧院联手把它拍成了吉剧电影。该片在两年一届的"中国电影金鸡奖"的激烈角逐中脱颖而出，获得"最佳戏曲电影"的殊荣。2016年，韩志君又携该片赴英国伦敦参加第七届欧洲国际电影节。让他没有想到的是，一部吉剧戏曲电影竟然征服了那些黄头发、蓝眼珠的评委们，荣获"最佳艺术创意奖"。在韩志君的艺术创作生涯中，他曾无数次登上过领奖台，曾获得过许多国内、国外的大奖，但吉剧电影《大唐女巡按》的获奖却是让他最为高兴、最为激动的事，因为他把家乡充满泥土芳香的声音带给了国内外的观众，因为他为家乡文学艺术事业的发展尽了一份力量。

"昔日我曾如此苍老，如今才是风华正茂！"在采访中，韩志君借用诺贝尔文学奖获得者鲍勃·迪伦的这句名言，微笑的表情显得十分轻松。他说："艺术创作不是短道速滑，也不是百米跨栏，而是一场马拉松竞赛，比的是韧劲和耐力。作为艺术创作者，吉林的黑土地养育了我，人民群众创造历史的实践活动丰富了我。我没有理由去过'采菊东篱下，悠然见南山'的生活，而必须振奋精神，在艺术探索的艰难道路上不惮于前驱，永远秉持'心系蓬门写百姓，声出肺腑唱众生'的创作理念，多出好作品，以无愧于时代，无愧于人民！"

和韩志君先生的相识，说来有几分偶然。2017年3月，北京电影界20多位导演、编剧、演员一道飞往泸州，去赤水参加"国际军事电影周"。在飞机上，著名导演、中影总经理江平看到当天的《光明日报》整版登载我的一篇文章《兹游奇绝冠平生——苏轼在儋州》，便向大家推荐。韩志君看到篇尾落款：作者系吉林日报社总编辑，"吉林"字样，让他顿感十分亲切，便托吉林认识我的朋友转达了对文章的评价。于是互加微信，相与为友，我们之间的联系也日益密切。

与这位影坛巨擘的相遇，对我来说，是一个意料之外的惊喜和收获。对韩志君的名字，我并不陌生，最早是源自那部著名的电视连续剧《辘轳、女人和井》。这是当时红极一时的乡土题材作品，全中国几乎是无人不知。20世纪90年代初的农村，不是每家每户都有电视，于是每到这部电视剧播出的时段，就是村里最热闹的时候，通常是几家人挤在一起，有说有笑地看着电视，感觉像过年一样。片头、片尾曲《女人不是那辘轳》《不白活一回》更是被大家广为传唱。毫不夸张地说，他的《农村三部曲》影响了几代人。这些年来韩志君取得了很多骄人的成绩，但是我觉得他就像一只家乡放飞的风筝，不管飞得多高多远，心永远系在故乡的土地上。

人物简介

韩志君，男，先后毕业于东北师范大学、中国作家协会鲁迅文学院、北京电影学院，国家一级电影编剧、导演。现任世界华人文化艺术交流中心副主席、中国电影文学学会荣誉副会长，系中国作家协会影视委员会委员、中国电影家协会创作委员会委员、中国电影导演协会会员。主要作品有长篇小说《命运四重奏》等；长篇电视连续剧《篱笆、女人和狗》《辘轳、女人和井》《古船、女人和网》等；电影《美丽的白银那》《漂亮的女邻居》《都市女警官》《浪漫女孩》《大东巴的女儿》《两个裹红头巾的女人》《一座城市和两个女孩》《大脚皇后》《大唐女巡按》《金秋喜临门》《婆婆妈妈》《耿二驴那些事儿》等。作品曾多次获"金鸡奖""飞天奖""金鹰奖""华表奖""五个一工程"奖，并在英国、俄罗斯、日本、波兰、韩国、塞浦路斯等国家的电影节上获奖。同时，还获得第五届俄罗斯阿穆尔之秋国际电影节"优秀导演奖"、第七届欧洲万像国际电影节"最佳编剧奖"、全国"飞天奖"最佳编剧奖、中国电影家协会"中国农村题材电影"优秀导演奖、"中国长春电影节"最佳编剧奖、东北"金虎奖"最佳编剧奖等单项奖。2000 年，被评为吉林省首批优秀专家并获"跨世纪金奖"；2009 年，获中国电视剧艺术委员会颁发的新中国成立 60 周年有突出贡献的艺术家奖；2010 年，获北京电影学院颁发的"建校 60 周年优秀毕业生奖"。

姜昆：相声里的家事国事天下事

从建设街下榻处到东方大剧院，3.5 公里，驱车十几分钟的路程，车窗外闪过的老树和建筑，有缓缓流动的光阴。

2016 年 7 月 16 日，长春市。一位相声名家带着他的团队，经过这段街道，把欢乐直接送达春城观众的眼前。

笑声的背后，是他的行程满满。凌晨入住，白天彩排，晚上演出。多年的艺术生涯和曾经的艰苦生活，让他习惯于面对这种紧张劳碌、辛苦奔波。前一天夜里 22 点走下飞机，当天 8 点一刻下楼就餐，19 点整演出开场，是他的两次亮相。前者是生活，在台下；后者是艺术，在台上。

"是他吗？"自助餐厅一位小伙子悄悄问同伴，令其意外的是大腕如此亲和，可能忽略了除身为相声人外，他更是平民艺术家。远离聚光灯与麦克风的衬托，更显出他的个人魅力。

"是他吗？"剧场里一位中年观众执拗地问邻座的家人，他意外的是相声可以如此奔放劲爆，可能忽略了台上跳街舞的他，已然年过花甲。是他！

姜昆，著名相声表演艺术家，中国曲艺家协会主席，中国文化艺术界的"常青树"，曲坛传承与相声光大的代表性人物。生于20世纪50年代的他，既因写相声、说相声、做"笑星"扬名至今，也因为相声著述、当文化官员而成为实践与理论的集大成者。同时，因较早接触互联网、运用新媒体及在影视、书画、体育等领域的跨界而备受关注，时时成为焦点。

他此次和多位中国曲艺名家为第三届吉林省市民文化节公益演出奉献的是《姜昆"说"相声》，声音依旧，人亦如斯。我们从他的演绎中，品读欢声背后的情怀与心路，品读故事背后的"故事"……

岁月做轴，以新视角重抚"笑星"旧事

20世纪80年代初，吉林日报社旗下《城市晚报》（当时名为《城市时报》）参与了一场全国范围内的相声演员评选，选出了10位深受观众喜爱的相声演员，合称"十大笑星"，并运用媒体力量广为宣传，"笑星"一词也由此流行起来。"十大笑星"定评并经过媒体传播后，成为全国最热词语之一，马季先生、姜昆先生、李文华先生占据三甲，那一年，姜昆先生正处于三十而立风华茂盛的年龄段。

回望当年英雄志，而今共叙江湖事。这场评选经过一路过关斩将，以马季老师为首的10个人，相当于当时活跃在舞台上的相声演员来了一次整体亮相并接受检阅。姜昆说，他当时作为年轻演员，崭露头角，能获得这份荣誉，是一时的欣喜，也

是一生的鞭策。

"十大笑星"的评选虽然是一个地方性活动，但传播迅速，影响力很快发散到全国，足见吉林媒体力量之大。这个活动是最早推出"笑星"这个概念的，也是相声历史上唯一的一次"十大笑星"评选，直至今日，仍是曲坛一段佳话。谈起这段往事，姜昆仍在感谢社会各界对相声的关心关注，感谢听众给了他不断前行的力量。

穿过时间的长廊，审视相声事业发展和个人从艺之路，他一直秉持着"初心"。他的初心，来自为人学艺之初，登台表演之初，那是他延伸在每一条脉络里的坚持。

姜昆说，他们那一代或者说被叫作"十大笑星"的这一批相声人，是赶上了好时候，赶上了好时代，才能迅速在中国的曲艺舞台上脱颖而出，崭露锋芒。当时恰逢改革开放之初，党和国家的各项事业欣欣向荣，相声在这样的大背景下发挥了解放思想、愉悦生活的文艺功能，让人在笑声中增添迎接新生活的热情与信心。

当年，"十大笑星"入列的还有赵炎、侯耀文、石富宽、高英培、郝爱民、师胜杰、常宝华几位先生，这10人中，有几位先生已经离开我们了。花辞树，根如故，光阴如流，岁月不复，但我们仍要时常感念初心，一代代人的传承，为相声做出了杰出贡献，我们永远不能忘记干一行爱一行的初心。

姜氏新语，关于姜昆我们总有新话题

姜昆一直在接触和研究媒体，更是第一个在相声界竖起互联网媒体传播大旗的人，果敢地将互联网话语编演成相声名段，在移动互联和多媒体时代，他又要吃第一口"螃蟹"。

2002 年初，第一届全国相声大赛举办，《吉林日报》采访姜昆的记者回来说他是个闲不住的人。那时网络与电视的互动才刚刚兴起，昆朋网城却早已亮点十足。姜昆说，在首届 CCTV 全国电视相声大赛时有过统计，直播中，有 1 万多名网友进入"大赛论坛"。21 世纪之初，网络也刚进入普通中国人的生活，相声人以足够前沿的意识果敢触网，可以说，相声在网络上能够有今天，正是得益于最早上网探索的人，得益于他们不断地传播积累。姜昆先生说他很荣幸成为其中一分子，大家一起把昆朋、中国相声网、中国曲艺网一步步做大，靠的是"把中国的欢笑撒向世界，把世界的欢笑引进中国"这样的正确发展理念。

吃"螃蟹"需要勇气，更需要慧眼和坚持，姜昆在相声这条路上的探索永无止境。沿着从线下到线上、从 PC 端到移动互联的脉络和潮流，相声也随之走进微时代。"微相声"的根基在于生活中有很多东西是可以被相声提炼的，比如说小小的感悟，可以通过简短幽默的方式表达传播开来。他举了一个例子，前些日子他简单用微信号发了几句话——

当与人生气的时候，心静一静，默默念：

跟孩子生气，我生的，随我；跟太太生气，我找的，活该；跟朋友生气，我交的，眼瞎……

第二天接到朋友电话，说本来家里闹别扭，正和爱人生气，一念，一笑，心态平衡了。相声的"微魔力"点滴可见啊！

当时他已经储备了 15 段微相声，要用最快时间排演出来。

有人和他探讨时长 1 分钟，他觉得不超过 3 分钟为宜，恰如其分地将大众化的文化娱乐迅速和移动互联接轨，多一个平台，把影响做大，品牌做强。当年昆朋网城每天有 40 多万人次浏览，他曾到一个互动新媒体空间"冒泡"15 分钟，涨了 5000 粉丝，这个速度太快了！照此下去，积累数十万粉丝不是问题。对于未来，他的回答掷地有声，相声要发展，必须重视新媒体，在移动互联上寻求突破。

很多相声人都在求创新，求突破，各显神通。姜昆先生编撰的《中国曲艺概论》《中国曲艺通史》《中国传统相声大全》等专著，成为中国相声研究珍贵、权威甚至是教科书级的资料。

姜昆先生说，相声的创新突破要回望传统，也要有理论指导实践，这些书能被大家抬爱，是相声人的欣慰。其中大部分成书在他任曲艺研究所所长期间，当时相声界面临"无史无论"的尴尬，仅有的一些研究著述还都准备去境外发行。这哪行？于是他们组织了业内的专家和老先生，大家一听要做这件事，纷纷放下手里的活计，劲头十足。一时经费短缺，他们还掏了钱，说自费也得干。集中定稿时，他们特意找到一个僻静的地方，不受干扰，精心打磨，遂成经典。

以"一史一论"为代表的著述，让相声的学科味儿足了，科学发展性强了。这些书一经出版就被抢购一空，一些人手上拿的是当年 4 倍价钱的影印本，现在早已绝版。姜昆说，曾有国外的朋友向他索求，但是很遗憾，他本来存过二三十套，但都被拿走了。

有了这些理论指导的相声行业，更需孜孜不倦，不拘泥于古法，勤于创新。作为演员个体，每个人都肩负责任，有创新的担当意识，从老祖宗开始，每个相声人都明白自己的职责——就是要反映生活，制造欢笑，为大众服务，必须与时俱进。

说相声看天下 "曲艺官" 的家国情怀与不了心事

大幕开启，灯光打亮，舞台时尚。《姜昆 "说" 相声》中他唱起了 Rap，扮起了短腿 "欧巴"，还再次 "落入虎口"。这台演出以姜昆 40 年从艺经历为主线，串起相声之路。演员与 LED屏、舞台声光、观众席构成多元素互动，完美呈现了梦想与现实、历史与未来的结合。这一次，他做的是引领风尚的人。

从十七八岁时在黑龙江生产建设兵团的那个青春、青涩的姜昆，到中国广播艺术团说唱团团长，再到中国青联常委、中国曲艺家协会副主席、主席，一路走来，姜昆的经历丰盛而浓烈。17 岁到 "北大荒"，26 岁回到北京，八九年时间，东北严寒的气候，当年艰苦的条件，磨砺了他的意志；从连队宣传员做起，从最原始的艺术萌动起步，逐梦的过程孕育了他的才华，让他的艺术人生实现了有根有芽有叶有果。

也曾有人问他有没有恨有没有悔，说如果这些年在大学度过，将会是怎么样不同的天地。但他觉得，青春、人生没有那么多的如果，经历了就是财富和收获。他回忆刚回北京的时候，有梦想但碰壁，有理想但迷茫，喜欢艺术喜欢写作，可是没有条件得不到机会，但他庆幸自己对艺术永葆赤诚的热爱，求教于人民、求教于生活，用生活的丰厚滋养和沁润心田，去创作更多有筋骨、有道德、有温度的精品力作，正是"北大荒"的打磨积淀，才淬炼了他如今的淡定从容。

现在年轻的相声人有梦想、有追求，姜昆总是告诉他们别放弃，小卒子过河显实力，大家都要有这个经历和过程。对下一代，也希望他们理解父辈的经历。在女儿出国之前，他和爱人带女儿回过一次当年插队的地方。从火车站到团部 1 公里的路上，站满了乡亲故友，他的眼泪瞬间盈满眼眶。女儿很惊讶，问他这干吗呀，为什么会哭。那时她还小，15 岁，无法完全理解这代人，包括她会发问：8 年的时间，在这个地方怎么待得住？那样的厕所能上吗？姜昆说，现在看，他的青春经历的确像一段传奇，但那时无法选择。他后来用一句质朴也幽默的话回答女儿，那个时候把你放在这儿，你也会待 8 年。来路不由己，但未来可期，姜昆就是这样，用自己的努力走出梦想的高度，用无悔的坚持垒下命运的基石，秀色蕴于险峰之顶，瑰宝藏于艰险之地，在北方以北的这片荒原，他一晃走过了数年光阴。

一位美国记者曾问过他一个问题：你说过青春无悔，你说过"北大荒"给你很多教育，为什么不送女儿到"北大荒"而来美国学习？姜昆的回答敏锐而真实：只是这代人有了更多的选择而已。在他的时代选择去插队，女儿的时代选择去留学，只是经历的方式不同，他称美国留学叫"洋插队"，其实也是完成一种青春磨砺，这一点上，在他看来去美国和到"北大荒"意义是一样的。美国记者说这是一个美妙的回答。时代没有如果，积极面对今天。

姜昆和女儿姜珊被誉为模范代际关系，曾共同见诸报端。他说女儿十分理解和支持他，是女儿建议他引入"秀"的表演方式，让相声国际范儿，时尚起来。《姜昆"说"相声》做到了紧扣一个主题，转换多个场景，有头有尾，更好地体现传统相声的"说、学、逗、唱"，包袱密集，惊艳四起。这个"相声秀"开了又一个好头，是女儿投资的，已在全球巡演近50场。他说女儿不希望她自己在媒体上多亮相曝光，扎扎实实做事最好。

创新和跨界是姜昆一直被提及的标签，很早就涉足影视、书画、体育等领域，从自传体的《笑面人生》一书，到主持春晚成为一个时代的经典。他对于跨界的初衷和意义有着自己的思考，他说跨界最初是工作安排，组织需要，那时他是中国广电艺术团成员，当年孙敬修老师退休后，领导安排他去中央人民广播电台《小喇叭》给小朋友讲故事，和康英等老师一起重拾童真，学到很多。当中央电视台需要他们团出人一起做春节晚会时，他最年轻，义不容辞，每天骑着自行车跑前跑后，这些都是工作单位性质决定的。到了《正大综艺》的时候，他开始有了对主持艺术的一些深层思考，包括和杨澜研究话语方式，希望稍微另类一点，区别于以往的"背词"。每一次接触姊妹艺术，他都很重视，能拓宽视野，搭建平台，但他的态度总是适可而止，始终给自己四个字的坚持——"不误正业"。

习近平总书记在文艺工作座谈会、哲学社会科学工作座谈会上的重要讲话，对相声和曲艺文学繁荣发展有很强的指导意义，相声界、曲艺界如何把文艺的温暖，文学的关怀，作品的筋骨、道德、温度更好地释放，始终根植在姜昆先生的思考里。

在 100 多年的发展历史中，相声一直在"革命"，革自己的命。相声要不断焕发生命力，必须传递时代信息，有料有咸，重视细节，结合现实。很多老先生为相声的去俗、文咸、精益求精的演进付出大量心血，相声才得以一代一代传承下来。梳理相声历程可以看到一个鲜明的词语：印记！把优秀的中国相声精品连起来，可谓一部时代史书：20 世纪 30—40 年代，流行歌曲进入相声表演；新中国成立以来，相声紧扣时代脉搏；刚刚解放时，小立本表演了《社会主义好》；社会主义建设开始，马季表演了《找舅舅》；中国人第一次登上珠穆朗玛峰，相声舞台上有了《登山英雄赞》……相声有那么多好作品为人津津乐道，贵在应时代而变，不保守不泥古，革新向前。

姜昆最早将网上的内容搬上央视春晚，也在春晚说过观众熟悉的段子《虎口遐想》。时代嬗变，30 年后的今天，重新演绎掉进老虎园，就要想到有没有 Wi-Fi，上网查查怎么自救，围观人群做起网络直播……文艺工作座谈会上谈到过街舞、Rap，在相声舞台上也有了 Rap，他也跳起了街舞。

他说，相声应该不辜负总书记厚望，继续成为国家建设发展、百姓生活发展的印记，让历史留痕，生活留印，笑传天下。

在吉林走基层，守护传统艺术之根

微风徐来，是夏天人们渴求的清爽，舞台上的清新之风更会给人不一样的欢笑和惊喜。市民文化节，风从"东方"来，东方大剧院舞台之外，吉林黑土地上，留下了这位艺术家太多的足迹，有着他太多的寄托。

七一前后姜昆的行程中，有两场在京面向社区居民、曲艺爱好者的优秀曲艺节目展演。他被中学母校选为校友会会长，创办的"育英大讲堂"也越来越火。本次到吉林，他也是奔着第三届吉林省市民文化节这一基层惠民活动而来。

基层，对一个演员来说有着不同的意义。

姜昆说，这是他第二次参加吉林省市民文化节。满足百姓文化需求，仅靠商业运作是难以实现的，还要依靠公共文化服务。吉林省委宣传部、省文化厅、省文联组织的市民文化节活动，以丰富多元的形式和内容，为百姓文化生活增添了别样光彩。他表示很荣幸主办方邀请他们共同演绎这一台有欢乐、有内涵的文化盛会。

本次在吉林是公益演出，所有演员不拿1分钱出场费，每年他们团队都要进行10场以上的公益演出，离开吉林就要赶到包头，也是公益演出。万家灯火万人心，基层的掌声，百姓的欢笑，是最让相声演员牵挂和陶醉的事情。

姜昆对吉林曲艺和传统艺术发展很关注，2012年曾为吉林相声俱乐部题词，对吉林同行也有着殷切的期望。白山松水，他与吉林渊源颇深。1970年前后他第一次上电视，就是在吉林蛟河参加一个会演，那时候电视还是稀罕物，他算是很早尝到了鲜的。

姜昆的爱人学过二人转，吉林的那炳晨、王肯等老前辈都是二人转和吉剧界的大师级人物，曾到他们家里做过客。因为工作关系，他也多次来吉林采风、调研，对延边、梨树、农安等地非常熟悉。

现在吉林省委、省政府高度重视传统艺术的传承保护，重视曲艺发展，包括少数民族曲艺的保护，省曲协主席王明明等业内人士负责任、有点子、干劲足，为此做了大量积极工作。姜昆到中国曲协工作后，提出"大曲艺"思想，把队伍做大，舞台做大，影响做大。他说与吉林的结缘一切在于"曲艺"二字，吉林的探索值得称赞，往后也将继续关注吉林文艺事业，关注这片浓情土地上笑的艺术，共同努力让吉林传统曲艺的保护和传承在东北亚区域有越来越重要的地位。

不论时代怎么发展，相声的根还是在民间、在人民中间。中国传统艺术面对韩剧等外来流行文化争夺青少年观众，应该如何守好这个"根"，姜昆也有着深刻的见解。他表示，一言以蔽之，就是"做好自己"。对外来文化不必刻意对立，要取其精华，同时分析它对年轻人的吸引力到底在哪儿。他还经常出席一些街舞活动，此前多次见到跳街舞的孩子，他们的刻苦排练让人落泪。传统艺术不能一边循规蹈矩，一边顾影自怜，得研究如何加把劲。他每次在演出现场，都很在意看观众群构成，每次都有耄耋之年的老者，也有总角垂髫的孩童。他喜欢和年轻人打成一片，熟悉他的观众知道，他和很多前辈搭档过，与李文华、唐杰忠老师合作后，又和戴志诚、赵津生先生说相声，现在还和很多"80后""90后"同台，通过排练和演出对他们言传身教，在一招一式、一言一行中实现传帮带。陈印泉、侯振鹏、董建春、李丁、应宁、周旭等现在都能够独当一面，成为服务大众的相声演员。"80后""90后"年轻力量的注入，让作品更新鲜有嚼头，年轻人用充满时代气息与活力的表现方式，也展现出了新一代相声演员的坚持，更好地传播笑的真谛。大家管姜昆先生叫"常青树"，他自己认为就是"死不了"，人老心不老，只要活着就一直站在舞台上，站在观众中，站在人民中。

马季老师生前说过，相声要按照大家的愿望改革和发展，找出新的路子。姜昆先生表示，他将鞠躬尽瘁，也坚信相声艺术将会迎来一个又一个春天！

一个时代有一个时代的文艺，一个时代有一个时代的精神。中国人的文化自信，不仅源自中华民族悠久的历史，源自我们的文化积淀和精神信仰，更源自五千年来中华民族产生的一切优秀文艺作品，以及创作这些作品的德艺双馨的文化大家。

冯骥才先生这样评价姜昆："靠的可不是他的名气，靠的是异想天开的创造性，对生活的敏感，天生的幽默感，锐意的批评，再往深处说，就是对社会的责任感。三十年前如此，今天更如此。"

为相声事业奔走，为后世留传经典。姜昆在舞台上陪伴观众近40年，也见证了中国相声40年的风雨兼程。用欢笑记录时代，用演绎践行经典。

"相声是我一生中唯一的事业，我为相声而生，也将为相声永远奋斗。"

谦谦君子，温润如玉，姜昆先生在这个时代亦有着中国文人的使命与担当，传承经典，为往圣继绝学，率性诚明，为万世开太平。

人物简介

姜昆，男，中国国家级非物质文化遗产项目相声代表性传承人、相声作家、表演艺术家。从艺40余年，创作和表演了上百段相声作品。《如此照相》《特大新闻》《虎口遐想》等大批作品，在国内及海外华人中间引起巨大反响。他在担任中国艺术研究院曲艺研究所所长期间编撰出版过《中国曲艺概论》《中国曲艺史》；出版的著作有《笑面人生》《自我调侃》等。

现任中国曲艺家协会主席、中国文艺志愿者协会名誉主席，中国文学艺术基金会副理事长，中国文联文艺工作者职业道德建设委员会主任。

梁晓声：妙笔纵横人世间

由梁晓声同名长篇小说改编的 58 集电视连续剧《人世间》在央视一套播出后，很快成为"爆款"创近三年收视新高，并受到不同年龄段观众的广泛关注和集中热议。其实早在电视剧拍摄之前，这部荣获第十届茅盾文学奖的作品就在广大读者之间掀起了一阵旋风。正是在这样的氛围下，怀着一份久藏心间的敬重，我来到北京，走进了梁晓声的家，也走进了他的内心世界。

读有字书籍，悟无字人生

"书籍像炉火，那读书人和著书人像从炉火得到温暖并且取得火种，既温暖了自己，又温暖了别人。"梁晓声曾用这句话概括了他以书为伴和写作的初心。

1949 年 9 月，梁晓声出生在哈尔滨一个建筑工人家庭。那年那月，第一届中国人民政治协商会议在北平召开，确定北平为首都，更名为北京……生在新时代，长在红旗下，他与新中国同呼吸共命运，见闻因此而真切，感受因此而深沉。

在物质生活拮据的岁月里，书籍就像沙漠中的绿洲、庭院中的果树，纵然稀少也充满希望，梁晓声抓住了那些与书籍接壤的机会。外祖父念过私塾，曾为母亲读过很多经典的戏文，所以母亲虽然不识字却能讲许多故事，这些故事就成了他最初的精神启蒙。稍稍长大，识得一些字了，他开始自己看，看"小人书"，也就是连环画。那时候小人书铺子的老板会把书皮扯下来串成一串挂在墙上，供人们选择。虽然每本书只要 2 分钱，可是对于儿时囊中羞涩的梁晓声来说，这仍是一笔"巨款"，他只能见微知著，通过阅读书皮去猜测书籍的内容，以决定要不要租借。

在那个生活逼仄、知识还不是很受重视的时代，他的母亲却为儿子打造并维护了一座堡垒，守护了他的精神原乡。梁晓声说，在读书这件事上，母亲对他们是"绝对的好"，就像那篇被选入中小学语文课本的小说《母亲》片段《慈母情深》一样，对于让他去买家用后剩下的几分钱，母亲总是说"你留着吧！"于是，梁晓声就拿着钱去小人书铺看书了。一次，他想买一本法捷耶夫的《青年近卫军》，下了很大的决心才鼓起勇气去找母亲要钱。母亲在一家厂房做纺织工，天气闷热，棉絮飞舞，他第一次知道原来母亲在这样恶劣的条件下工作，一时难以启齿。母亲说："什么事说吧，我还要干活。""我想买书！"晓声的声音低得不能再低。母亲的工友们纷纷劝她不能这样惯孩子，能供他读书就已经很不容易了。但母亲边掏钱边说"读书反正不是什么坏事。"晓声拿到钱后心里既愧疚又沉重，他没有去书店而是拿着钱给母亲买了瓶罐头。没想到母亲回家看到他买的罐头反而很生气，又拿出钱让他去买书。梁晓声回忆，小时候朝母亲要钱买书不止一次，包括《红旗谱》《播火记》等等。

小学四五年级，他开始看文学类书籍。从 1949 年到 1966 年上中学，那时候全国出版的比较著名的长篇小说也就二十几部，另外还有一些翻译的外国小说作品，加在一起不会超过五六十部，但部部都是经典。他的大院邻居家有一户是收废品的，当时收到了很多别人家里处理的书籍，因此他又有机会读了较多的社会学书籍，比如伏尔泰、卢梭、孟德斯鸠的作品，甚至读到《法国革命史》。现在我们的文学理念上叫做比较文学，但在那时，少年的梁晓声只是本能地运用和比较这些作品所传达出的中西方文化的差异。他读懂了两个主题，一个是革命的合理性和必然性，符合古今中外的时代更迭的规律性；另外一个就是阶级斗争的持续性。这种超越阶级的人道主义，也影响了他后来在"文革"中的思想和行为，葆有善行、善心。所以下乡之前，他基本上完成了一个时期的阅读史，从听故事、看小人书到读名著，一脉相承，受用一生。

梁晓声一向主张读闲书，在少年时期和青年时期要完成一个初期的阅读史，这是一个人心灵的修养，是精神的成长史和思想的沉淀。在没有电视、没有广播、没有丰富的报刊杂志的年代，一个没有阅读史的人，其心灵史和精神史的养成也是不完全的。

文字是轻的，思想是重的，除了这些有字的书，还有人生这本无字书。有些人即使是文盲，但也会懂得很多为人处世的基本道理，这就是源于家庭的影响。父母是最朴素的人文，一个人所经受的那种直接而感性的生活教育，淳朴的家风、民风和世风，对他后期的长成也大有裨益。如果没有这样的家庭、这样的社会环境，那就只能从书籍中汲取和滋养。

天下之本在一家，古人云："一家仁，一国兴仁；一家让，一国兴让。"梁晓声说起他的家庭教育，在那个并无丰厚文化底蕴的家庭里，真正意义上白纸黑字的家风家训无从谈起。但父母却以身率先，用朴素的行动，潜移默化地影响着他的一生。

梁晓声的父亲是个刚强的山东汉子，十几岁闯关东落户在东北，兼具了山东人的豪爽和东北黑土地的粗犷。从给地主家放牛、摆摊儿、到给日本人做苦工，再成为新中国的第一代建筑工人，支援大三线建设，党和国家是父亲的信仰和赤诚之心的寄托，他带着属于"领导阶级"一员的光荣感和自豪感，恪尽职守，一丝不苟地砌墙建房。1957 年反右派斗争，一位女大学生被打成"右派"分配到父亲所在的工地搬砖，工人们故意在她挑的担子里放很多的砖，明知道挑不动还是那样故意为难她，看到她哭工人们就笑。作为班长的父亲勃然大怒，对工人们进行斥责，但后来父亲却受到批评，因为别人认为父亲的政治态度和立场有问题。父亲回家后告诫梁晓声，"你以后敢那样，我就不认你这个儿子！"这件事对梁晓声的影响很大，因为当时他已经接触了西方文学的观念，他曾经思考过什么叫立场，人是站在阶级的立场还是人道的立场去看待人类的关系。他感受到了父亲的怒气，他好像蓦然醒悟，父亲是善良的，他知道这样做是不对的，所以他才那样的生气。时至今日，他想起这段故事，也发出这样的箴言，从文明的角度我们需要关注的就是人性的善，从人性本善、向善，到人性应善、必善，这对于中国人来说，至关重要，也是漫漫长途。

在梁晓声的小说《父亲》里面，一开头就写着这样一句话："父亲的生活原则——万事不求人。"这不仅是父亲的原则，同时也成为了梁晓声的生活信条。父亲就是这样一个硬邦邦的存在，不抱怨也不向生活妥协，爱惜清誉不追逐名利。1963年，梁晓声的哥哥考上大学，他也就读初中，用母亲的话说，全家天天都在"吃"父亲，一个三级抹灰工的汗水显然无法支撑一个大家庭的开销。父亲单位工会的领导主动到家里探望，建议父亲打报告申请工会的补助，以缓解家中的困难。但父亲并没有，一来他是文盲，不能够写成一篇通顺的报告，他不想去为写一份救助申请而求别人；二来也是更为重要的一点，他有自己的坚守，全班那么多人，指标有限，他是班长，不能占这个名额，要留给更困难的人家。

父亲的言传身教，似乎化作基因也"遗传"给了梁晓声，因此他从未在名与利方面跟别人争过。梁晓声说，如果自己愿意，三十五六岁就可以当上北京电影制片厂文学部主任，四十几岁就有机会当副厂长，"但我不愿意，因为我热爱文学创作。"他从没有为自己的事情向任何人和单位张口要求过什么，哈尔滨的弟弟妹妹下岗，别人说建议梁晓声去找同学战友谈谈，但是他回绝了，他可以为正义帮助普通人去争取、去呐喊，帮助他们走出困顿，但却不可以为自己谋私。不求名利，不落窠臼，这是文人的风骨与气节，是一种直抵宇宙天地和人性终极的正气浩荡和良知恣肆。

　　《周易》云，积善之家必有余庆。母亲就像家里的一盏明灯，而灯芯便是良善，照亮了孩子们的天地。当年为了补贴家用，梁晓声的父亲也养过兔子，但是野猫经常会把兔子吃掉，所以父亲就下了一个钢丝套子捉野猫。一天，当他们吃饭的时候，一只大野猫被套住吊在了木围栏上。野猫拼命地挣扎，把旁边的木板子都挠烂了。母亲动了恻隐之心去解救它，在剧烈的挣扎下，野猫不仅抓烂了母亲的衣服，也在母亲的胸前挠出了一条条血道子。那时家中清贫，没有止痛伤药，只能去别人家借一点儿紫药水涂抹。但是母亲却毫无怨言，为救下了一条生命而欣慰。善心如水，母亲曾帮助了许多人，邻居家小女孩、哥哥的初中同学、抑或是不相识的讨饭的老人……这些善行也传递给了梁晓声，一辈子做一个心地善良的人。在梁晓声家里，我看到了他收养的两只流浪猫，他说刚进家门的时候它们骨瘦如柴、遍体鳞伤。他很认真地对我说，他绝不结交虐待小动物、没有悲悯之心的人。对待动物是人性良善与否的试金石啊，心怀仁爱和敬畏，对待所有的生命都该如此吧。

　　"根植于内心的修养，无需提醒的自觉，以约束为前提的自由，为别人着想的善良。"这是梁晓声所说的关于"文化"的内涵，读很多书，拥有很高的文凭，和有没有文化，有时完全是两码事。从经典里读有字书，从时代和社会中读无字书，两者有机结合，方能明心见性，相辅相成，相得益彰。

大荒羁旅，皆为序章

1968 年，19 岁的梁晓声响应边疆的号召，成为黑龙江生产建设兵团的第一批兵团战士。就如同习仲勋同志所说："从动乱中走过来的一代青年，受到过毒害和创伤，也得到了其他时期所得不到的磨炼。"这里包含了两个方面：伤害和磨炼。6 年间，他在滚烫的沃野参加过农业生产劳动、在冰雪的冬天扛过大木……在时代旋涡的翻飞中，梁晓声也开始创作，时有小说、散文在《兵团战士报》上发表，这段经历也成为了他创作的源头活水。苦心志，劳筋骨，动心忍性，不断地"曾益其所不能"。

梁晓声强调，他笔下行文严格来说虽然也叫知青题材，但他后来思考可能更愿意叫做黑土地题材。就是在那片黑土地上，一些青年和荒原的关系，直接面临的生存状态，而政治却是成为次要的了。在那个时期，几届的学生被卷入到这场"上山下乡"的运动中，他们的人生轨迹从此被改写。有些学生还不到 18 岁，到贫困地区靠劳动根本养活不了自己。对于这样一场运动，从历史学的角度怎样评判，一直也还存在着歧义，甚至可能在最初开始和结束的时候没有歧义，但在后来逐渐的回望过程中，也生出一些歧义来。但是小说家并不是专门研究运动历史学的专家，小说家的写作题材也不能满足所有人得出历史学的结论，因为即使在历史学上也有分歧。

小说家写什么？是在这个特定的运动中和时代下，作为不同年龄的青年，他们呈现的多种生活状态，所以小说家只能表现的是，非正常年代下的青春成长和成熟的过程，并不是说在特殊的年代，青春就停滞了，青春还是在成长，在成熟。不同的人有不同的成熟，有些人的成熟可能是圆滑，有些人的成熟可能确实表现为投机，但是还有一些人成熟表现为生存的能力，表现为爱心，表现为抱团取暖。还有一些人的人格可能恰恰是因为在特殊的年代，以特殊的方式经历特殊的事情，达成了一种特殊的上升。比如当有知青战友受到了不公平的对待时，上级会组织一些人进行外调，这时说真话还是说假话，是对于人格的一种莫大的考验。对于不同的人来说，这段特殊年代也是留下了不同的记忆，作为小说家是要把这样各种不同的记忆呈现出来，但是一个小说家即使经验再丰富，也无法做到全面包含一两千万人卷入运动中的每个知青个体，只能是做到大体差不多。这样在岁月更迭过后，这一代知青的往事不只是简单的历史标本，也是沉甸甸的精神财富，更是那些鲜活生命的张扬。"走过苦难历程，懂得爱与宽恕；经过挣扎胜败，回归正常价值。"这是梁晓声试图通过重现这段往事给国人的启示。平和深沉，字字珠玑。

在梁晓声看来，他笔下的北大荒人并不能在任何意义上成为典型的知青，严格来说他也没有真正接触过贫下中农。北大荒知青群体的状态，首先非常重要的区别在于军队编制，并且有工资发放，比插队知青要好一些。梁晓声当时在黑龙江的工资是每月45元，这是一个父亲可以用来养五口之家的工资。同时，梁晓声所在兵团的"老职工"成分多是转业战士，连营团长多是转业干部。这个群体的年龄差不到10岁，有的是刚从朝鲜战场下来的优秀青年，也有毕业后参军的高中生。在当时，他们连队号称"三个95%"：95%的党团员、95%的正副班长、95%的五好战士。所以梁晓声面对着这样的知青群体：和其他上山下乡的知青有区别，同时和农民在行事各方面也都有明显的不同。

读书使人明德、明理、明智。正是因为梁晓声在之前有着较为丰富和正向的阅读史，所以在那段凄迷跌宕的运动中，书籍对他有着不一样的启迪和引导。1974年，才华初绽的他被复旦大学招收为文学创作专业的工农兵大学生。这6年的知青生涯是一段阵痛，同时也是珍贵的馈赠，它存在着无限的叙事空间，每个时代对于知青生活都会有不同的审视乃至颠覆。到了80年代，梁晓声长期的文学积淀迎来了爆发期，《这是一片神奇的土地》《今夜有暴风雪》《雪城》接二连三，多次获奖，并被陆续拍成电影和电视剧。《今夜有暴风雪》更是成为了"知青小说"里程碑式的作品。回到历史的端点，展现一段真实的岁月，照见逝去的时代，也照见不会逝去的情感，他的笔墨刻画了浓浓的英雄情结和时代担当，影响并感动了整整一代人。

对于这一阶段的文学创作，梁晓声的评价就是"值得"。在他去了复旦就读后，"文革"结束，原本稳固的兵团框架突然解体，知青返乡的公章就随便放在桌子上自己盖。兵团解体，知青返城，这对于知青群体是一个很大的冲击，对梁晓声来说亦然。从城市到乡村，再从乡村返回城市，知青们用青春亲吻着土地和人民，他们挑战着命运，也思索着时代。"为知青代言"，成为了梁晓声写作的初衷。知青返城就需要找工作，但是那个时候城市里实际上并没有那么多的岗位，能安顿下这一批知青。

并且城市里的单位对于有知青经历的人还存在着一种疑虑，因为他们的前身是红卫兵，单位对于接纳这样的人有着隐隐的担忧。但是梁晓声用作品为他们发声。这些知青是不一样的，他们已经不是当年的红卫兵，他们在精神和人格方面发生了巨大的变化，因此这些作品存在着"人格理想化"的状态，但他用文字呐喊的影响达到了，当时很多单位在招聘的时候都说，"只要是兵团的我都要！"因为兵团的知青们历经了磨砺和锤炼，并且出任班长、排长的也很多，所以心理成熟，并且富有强烈的责任感。事实证明梁晓声是正确的。在他看来，文学对影响世道人心的使命，具有责无旁贷的义务，一个作家能实现这样的价值是远远超过其作品在文学史上获得什么样的评价和成就的。

梁晓声在复旦大学毕业时，那一届的创作专业有 19 名同学，老师找到他说："现在只有一个留校的名额，并且这个名额只能是你。你要是不留校，这个名额就作废，你如果留校就可以腾出一个向外分配的名额给其他的同学……"但是梁晓声却没有同意留校，因为他的父母在东北，他要离家乡哈尔滨更近一些。但那时可以分配最北的地方也只能是北京。"与'四人帮'作斗争"，这是梁晓声档案里的一条奇特的评语，因为在那个年代几届工农兵学员中极少有人同"四人帮"做过斗争。其实梁晓声并没有，也不可能去做斗争，他也很谨慎，因为出事了还会牵涉家庭朋友。但是因为他从小接受的教育，从书籍中汲取的精神力量，厚实了自身的根基，长全了思想，所以即使谨小慎微，但是骨子里对于那个年代的一些现象还是能表现出来一种思考和批判，也会影响到关系比较好的同学们，因为他和别人不一样，大家带着敬佩的目光重新去审视和定位，就给他在档案里写了这样一条，这也直接影响了梁晓声后来的就业。他最初被分到文化部负责清查工作，因为看中了他与"四人帮"作斗争的经历，但是梁晓声拒绝了，因为喜欢看电影，所以选择去北影。北影可以接收也可以不接收梁晓声，当时看他档案的是党委副书记史平，她是钱壮飞烈士的儿媳。史平很爱读书，并且有强烈的爱国情怀，看到了与"四人帮"作斗争的评价，当即就说，"这个青年咱们要，跟别的青年不一样"。并且在之后的工作中，老厂长接见外宾的时候都会说，"让编导室的晓声过来陪着……"梁晓声感觉到这是前辈们对于一个特殊青年的厚爱，他一直对他们致以感激和敬意，同时也感谢书籍，因为是书籍浇灌了他，有了深邃的思想，简洁的灵魂，才有这样的境遇。

拾遗补缺，做人世间的书记员

在创作了大量的知青题材作品后，梁晓声将笔触聚焦在了平民阶层，去发现那些困难群体的艰辛和善意。他在自己的许多作品中表达了对社会问题同步的关注和思考，"关注现实、反映现实，这是一种使命和责任，这种使命和责任简单来说就是关注他者的命运"，对于梁晓声来说，这种理念也贯穿他的文字始终，立足底层，直指人心，有道义有担当，有筋骨有温度。

"我觉得这是一种责任。"以35岁为界，梁晓声在其后的创作中将目光转向"他者"，从《龙年1988》《九三断想》到《凝视九七》，再到1997年的《中国社会各阶层分析》，梁晓声带着广博的悲悯情怀和激烈的社会批判意识，用笔杆参与社会时评，为时代谏言。

2019年8月，承载着"五十年中国百姓生活史"的长篇小说《人世间》荣获第十届茅盾文学奖。70岁的梁晓声，重新回到一个原点上，以最大的纯粹性，去实现一个文学夙愿，去记录时代变迁中的人们，去发现每一扇门后面的故事。梁晓声一直是在倡导现实主义题材创作，他给自己的定位就是"拾遗补缺"，大多数人都会去发声，去批驳当下的文学和文艺，比如"抗日神剧""小鲜肉"等等，评议的声音已然很多，所以他选择了裨补阙漏。以文字的形式，使当代的年轻人跨越时间去发现那些被传记遗漏的历史。在"上山下乡"的年代知青多是长子长女，哥哥姐姐都下乡了，弟弟妹妹们留城，但在文学画廊中却很少有人描摹这样的一部分在城市中生活的群体，他们也有经历和反思，这是一种"缺"；像父亲这样的大三线工人、80年代摆脱"左"的束缚而反思的干部和知识分子、打破壁垒各阶级的人相互接触的现象等等，这都是一种"缺"；我们的作家们在成分结构上农家儿女比较多，并且农民的命运是敏感的，是牵动我们国家神经的命脉，所以文学史上写农村题材的也就比较多，但纯粹写城市、写工人、写底层的题材相对较少，关注不同群体的经历，去补全中国迢递走来的路径，这也是他拾遗补缺的想法。把那些人和事从沉寂的时间中打捞出来，对朴素的记忆重新整合提炼，形成对世界的另一种解释，使人看到历史更多元的侧面。

《人世间》通过对一个工人家庭的三个子女，周秉昆、周蓉、周秉义及其周围朋友四五十年的人生历程的展示，在坎坷人世间所构建出的温暖维度，来透视五十年来中国社会的发展变迁，这其中既有中国社会发展的"光荣与梦想"，也直面了改革开放进程的艰难和复杂。总体而言，这是一部充满理想主义的小说，也是一部向现实主义致敬的作品，同时也在向80年代的文学致敬。在梁晓声看来，那时候的文学精神独具且鲜明，力图进行民族文化的复兴。作家写作主要包括文学精神和经验，而现在经验式写作太多，大家可以娴熟地编出故事，相对来说文学精神和理念就比较少。在所有的文学精神中，梁晓声认为最缺的就是理想主义，这可能同政治语汇中的理想主义有不完全相同的地方，但也有相同之处。比如《人世间》中在周家的长子周秉义身上，他当了干部，身上就会有"不忘初心"这种特质，平调回来为老百姓办事。不同的是梁晓声更在意作为人的人性和人格的理想主义，并非高不可攀，而是举手之劳，给人一些温暖，给生活一些温度。他举了一个例子，查尔斯·狄更斯的《双城记》以寓意深刻的人物形象突出地表现了他的人道主义思想，其中卡尔顿为了成全露茜的爱情，不计前嫌包容着达尔内的出身，甚至还挖地道去狱中千方百计地将他救出，最后替达尔内赴死，这就是宽容仁爱的理想者形象。"虽然这种理想主义已经到了连我今天看来依然不相信的一种程度，"梁晓声调侃道。可是为什么这些人去做在国人眼中很理想主义的事情呢？因为他们都是智者，实际上他们也觉得人类需要这样的标杆，因此对人性的理想主义所放开的尺度，我们只能叫"法乎其上，守乎其中"。比如现在的《复仇者联盟4》依然表现为因人类的理想主义去牺牲，传播一个国家的文化形象，如果在这方面失守的话，就成为了拒绝认同人性和人格的理想，那么只能是成为欲望的人、自我的人、本我的人，完全背离了哲学上称作"外我的人"这种大写的民族精神，心理被萎缩，就永远不会进化。文学应担负起人道主义的教育，这是梁晓声一直以来思索的问题，铺陈人性，叩问人心，聊之愈久，愈觉意味深长。

原型、内生、浓缩，哈尔滨不仅是梁晓声的故乡，同时也是他创作的"文学地理空间"，《人世间》以哈尔滨为背景展开，一方面由于儿时的成长经历，他的家住在"光字片"，光仁街、光义街、光礼街……连起来就是孔子所说的'仁义礼智信'，这些名字所传达的中华传统文化特有的精神，也根植了梁晓声的情感原乡，一砖一瓦都是扑面而来的追寻和回望。另一方面，在"上山下乡"的年代，普通家庭的留城青年生活状况也比较艰难，分配的工作像国营商店卖酱油卖醋，每个月挣很少的工资，环境艰苦也无法调动，也许要干一辈子。还有一方面就是军工厂的工人突然下岗，他们属于工人阶级中的黄牌军，但是突然间失去工作，这种中国工人所承受的阵痛也需要作品来表现，这是他所理解的文化公平，我们对那个时代无法给予补偿，但是可以文化上认同，这也是一种公道。梁晓声的作品对于东北文化的重新确认和提升有很大的意义，同时他也对东北的发展寄予厚望，黑土地从不辜负耕种它的人们，东北有多所优秀的艺术类院校，他希望艺术家们能够把东北独具特色的城市符号和精神特质阐释、表述、传递出去，这是对故乡最好的献礼。

梁晓声与新中国同生同步，同呼吸共命运，就像月夜里追逐晨光的鸿雁，奋发而坚定。携笔从戎，做时代的拾荒者，将蒙尘的故事变成人性的光源，做文化补偿，给历史各层面还以公道。他用文学滋灌着时代，用善敲醒大众的良知，用爱还原世间的真相。他的文字直抵人格、人心、人性深处，从重负下释出温婉的芽蘖，给人暖意，给人希望，给人路径。一如秋空雁阵，御风而行，和而不流，加入繁星，加入万千读者的梦境。

李舫：凡是过去，皆为序章

中国出版集团华文出版社出版发行了由李舫主编的"丝绸之路名家精选文库"。这套"文库"以"一人一城"的方式，囊括了丝绸之路的 14 个相关省、区、市的 14 位名家的散文佳作。这些作家用自己的心与笔、感悟和感动，以优美的文字、灵动的韵律，踏着时代的歌行，描画了我国丝路沿线丰富多元的地缘文化、历史传统和习俗风情，串联起一"条"活色生香的"丝绸之路"。

这套"文库"包括王巨才的《垅上歌行》、丹增的《海上丝路与郑和》、陈世旭的《海的寻觅》、陈建功的《默默且当歌》、张抗抗的《诗性江南》、梁平的《子在川上曰》、阿来的《从拉萨开始》、吉狄马加的《与白云最近的地方》、林那北的《蒲氏的背影》、韩子勇的《在新疆》、刘汉俊的《南海九章》、叶舟的《西北纪》、郭文斌的《写意宁夏》和贾梦玮的《南都》。

在不久前落幕的第一届"一带一路"国际合作高峰论坛上，这套"文库"作为论坛礼品赠予了与会的各国嘉宾，在出版界乃至文化界掀起了一股探秘丝绸之路文明的旋风。

值得一提的是，这套"文库"的主编李舫，是地地道道的吉林长春人。离开长春25年多，李舫最喜欢说的一句话就是"不管走到哪里，白山松水永远是我魂牵梦绕的故乡"。带着这样的亲切和缘分，承续"一带一路"的潮流，我走近了李舫和她的"丝路世界"。

毫无疑问，"丝绸之路名家精选文库"是一个非常凝聚力量、展示才情的"文学组合"。谈到这套"文库"的"初心"，李舫说，中国有句古话，"山积而高，泽积而长"；中国还有一种优秀的学术传统和文化理想，也就是方以智、王夫之等古代著名思想家所提倡的"集千古之智"。这些都是非常深刻的总结。中华民族是一个兼容并蓄、虚怀若谷的民族，中华文化是一种博采众长、海纳百川的文化。法国总统戴高乐谈到中国时，曾经说过一句意味深长的话："中国不仅仅是一个国家或是民族国家，她更是一种文明，一种独特而深邃的文明。"从蒙昧的远古，到现代化的今天，中华文化一以贯之地保持着坚忍顽强的气节，保持着虚怀若谷的胸襟，保持着与时俱进的品格，这在世界文明史中也是非常罕见的。"丝绸之路"是中华民族、中华文明的一种具体表达，一个具体符号，更是穿越数千年而沉淀下来的生活方式、交流图示、文明样式，如何将"丝绸之路"以及沿线的文明样式展现出来，是这套文库所有作者、责任编辑、中国出版集团及下属华文出版社有关工作人员一直努力探讨的，应该说，众人的智慧和才气凝结成了这套沉甸甸的作品集，对我们每一个人而言，以文学的方式相遇也许恰是一种缘分。

　　有趣的是，"丝绸之路名家精选文库"与刚刚结束的"一带一路"国际合作高峰论坛可谓不谋而合。所谓"合"，是一种机缘，更是一种准备。而对于李舫，这也许更是一种缘分。居庙堂之高则忧其民，处江湖之远则忧其君，这是中国自古以来的文化情怀和文学传统。2013年9月7日，习近平主席在出访中亚国家期间，首次提出共建"丝绸之路经济带"。同年10月，他又提出共同建设21世纪"海上丝绸之路"，二者共同构成了"一带一路"重大倡议。此后仅仅三年时间，蓝图变为现实，"一带一路"国际合作高峰论坛前不久在北京落幕。一步步展开、一笔笔绘就的倡议，是中国向世界发出的宣言，这是向历史负责、向世界负责的行为，说明了中国作为发展中的大国，不仅没有回避自己的义务，更说明了中国作为负责任的东方大国，在21世纪的国际命运中勇敢地担起了自己的使命。"'一带一路'建设植根于'丝绸之路'的历史土壤，向整个世界敞开胸怀，证明中国在思考，如何用文明观引导世界布局、世纪格局，这是中国应该担负的使命。"李舫说。

　　19世纪末，德国地质学家费迪南·冯·李希霍芬将这个蛛网一般密布的道路命名为"丝绸之路"。严格说来，"丝绸之路"并不是一条具体的地理道路，它是一"条"随着时间的推移不断丰富和积淀的既无形又有形的道路。

　　对此，我们应该怎么理解？

　　李舫认为，在苍莽辽阔的欧亚非大陆，有这样两"条"既无形又有形的史诗般的商路：一条在陆路，商队翻过崇山峻岭，穿行于戈壁沙漠，声声驼铃回荡于遥无涯际的漫长旅程；一条在海洋，商船出征碧海蓝天，颠簸于惊涛骇浪，点点白帆点缀波涛汹涌的无垠海面。这两"条"商路，一端连接着欧亚大陆东端的古中国，一端连接着欧亚大陆西端的古罗马——两个强大的帝国，串起了整个世界。踏着这千年商路，不同种族、不同肤色、不同语言、不同信仰、不同文化、不同理念的人们往来穿梭，把盏言欢。

正是通过这条史诗般的商路，一个又一个宗教诞生了，一种又一种语言得以升华，一个又一个雄伟的国家兴衰荣败，一种又一种文化样式不断丰富；正是通过这条史诗般的商路，中亚大草原发生的事件之余震可以辐射到北非，东方的丝绸无形中影响了西欧的社会阶层和文化思潮——这个世界变成了一个深刻、自由、畅通，相互连接又相互影响的世界。中国的发展得益于国际社会，也愿为国际社会提供更多公共产品。这"条"古老又现代的道路，旨在同沿线各国分享中国发展机遇，实现共同繁荣。

然而，令人痛惜的是，16、17 世纪以来，丝绸之路渐次荒凉。中国退回到封闭的陆路，丝绸之路的荒凉逼迫西方文明走向海洋，从而成就了欧洲的大航海时代，推动了欧洲现代文明的发展和繁荣。

《易经》有云："往来不穷谓之通……推而行之谓之通。"李舫认为，文明的断裂带，常常是文明的融合带。在 21 世纪的第二个十年，中国再次将全球的目光吸引到这条具有非凡历史意义的道路上。随着丝绸之路的复兴，不仅是对中华优秀传统文化的重新梳理，更是东西方文明又一次大规模的交流、交融、交锋。美国学者弗里德曼说，世界是平的。其实，在今天的现代化、全球化背景下，世界不仅是平的，而且是通的。

万物并育而不相害，大道并行而不相悖。李舫喜欢用作家莫言说过的一句饶有趣味的话来作比："世间的书大多是写在纸上的，也有刻在竹简上的，但有一部关于高密东北乡的书是渗透在石头里的，是写在桥上的。"丝绸之路就如同那些镌刻在石头上的高密史诗，如同宏博阔大的钟鼎彝器，事无巨细地将一切"纳为己有"，沉积在内心，旁通而无滞，日用而不匮。

落其实者思其树，饮其流者怀其源。中华文化不仅是个人的智慧和记忆，而且是整个中华民族的集体智慧和集体记忆，是我们在未来道路上寻找家园的识路地图。中华民族的子子孙孙像种子一样飘向世界各地，但是不论在哪里，不论是何时，只要我们的文化传统血脉不断，薪火相传，我们就能找到我们的同心人——那些似曾相识的面容，那些久远熟悉的语言，那些频率相近的心跳，那些浸润至今的仪俗，那些茂密苗壮的传奇，那些心心相印的瞩望，这是我们中华民族识路地图上的印记和徽号。今天，我们有责任保存好这张识路地图，并将它交给我们的后代，交给我们的未来，交给与我们共荣共生的世界。

在李舫看来，"丝绸之路"不仅仅是一条商业贸易之路，更是一条和平之路、繁荣之路、开放之路、创新之路、文明之路。几千年来，恰恰是东方和西方之间的这个地区，把欧洲和太平洋联系在一起的地区，构成地球运转的轴心。丝绸之路打破了族与族、国与国的界限，将人类四大文明——埃及文明、巴比伦文明、印度文明、中华文明串联在一起，商路连接了市场，连通了心灵，联结了文明。

——正是在丝绸之路上，东西方文明显示出探求未知文明样式的兴奋，西方历史学家尤其如此。古老神秘的东方文明到底孕育着人类的哪些生机？又将对西方文明产生怎样的动力？英国学者约翰·霍布森在《西方文明的东方起源》一书中，回答了这些疑问："东方化的西方"即"落后的西方"，如何通过"先发地区"的东方，捕捉人类文明的萤火，一步步塑造领导世界的能力。

——正是在丝绸之路上，西汉张骞两次从陆路出使西域，中国船队在海上远达印度和斯里兰卡；唐代对外通使交好的国家达70多个，来自各国的使臣、商人、留学生云集长安；15世纪初，航海家郑和七下西洋，到达东南亚诸多国家，远抵非洲东海岸肯尼亚，留下了中国同沿途各国人民友好交往的佳话。

——正是在丝绸之路上，世界其他文明也在吸取中华文明的营养之后变得更加丰富、发达。源自中国本土的儒学，早已走向世界，成为人类文明的一部分。佛教传入中国后，同儒家文化和道家文化融合发展，形成了具有中国特色的佛教文化和理论。中国的"四大发明"带动了整个世界的革故鼎新，直接推动了欧洲的文艺复兴。中国哲学、文学、医药、丝绸、瓷器、茶叶等传入西方，渗入西方民众日常生活之中。

曾经对文化研究颇有心得的李舫提出，中华文明曾长期处于世界领先地位，是世界主流文化之一，对包括西方文化在内的其他地区文化曾产生过重要影响，排他性最小，包容性又最强。我们奢侈地"日用而不觉"的，就是这样一种文化，中国由于迅速恢复了统一和秩序而赢得了伟大的领先。由此，经济得以繁荣，文化得以传播，文明得以融合。在这种意义上，"丝绸之路"绵亘万里，延续千年，积淀了以和平合作、开放包容、互学互鉴、互利共赢为核心的丝路精神。这是中国文明的宝贵财富，也是人类文明的宝贵遗产。

我认真地阅读这套文库，发现这些作家们不仅是在书写"丝绸之路"的文明和历史，他们优美的文字中也充满凝重的思想，充满了深刻的忧患意识。李舫将这些看作中国文学的担当所在。这套书库总计150余万字。翻阅完这部作品，不禁想起莎士比亚那句意味深长的话："凡是过往，皆为序章。"中国是文章大国，也是思想大国，有文字记载并从完整作品开始计算的文学史，已达3000年之久。歌咏志，诗咏言，作为与诗词并列为文学正宗的重要文体，中国散文更是源远流长，浩浩汤汤，在殷商时代已初具特质，这是从正值盛年的土壤里生长出来的文化情怀和文化自信，元气蓬勃，淋漓酣畅。我们需要用文学的声音作出时代的呐喊。

我们从来没有像今天这么接近民族复兴的目标，当然，中华民族的伟大复兴也从来没有像今天这样充满着风险与挑战。改革开放40年，随着经济高速增长，中国社会累积了大量的财富。由于经济、社会、法制、文化等某些领域改革的滞后和不匹配，导致不同程度的贫富分化、环境破坏和道德滑坡，继续推进改革开放的初始条件和边界条件已经与40年前全然不同，我们现在面对的，是难涉的险滩、难啃的硬骨头。不管是在哪个领域，谈全面深化改革，都不是完成时，不是未来时，而是进行时。

在某些领域某些地区，改革共识还不够集中、改革目标还不够清晰、改革动力还不够强大，我们需要更多的思考，"文库"这样的回眸总是能够让我们受益无穷。明年就是改革开放40周年，在这里，我们有必要重申我们的责任和使命：改革开放是中国历史上的一次伟大觉醒，是决定当代中国命运的关键一招。实践发展永无止境，解放思想永无止境，改革开放永无止境，停顿和倒退没有出路。在这种意义上，我们有必要让文学再次成为时代的先锋，像鲁迅先生所言所为，振臂一呼，应者云集。

李舫为这套"丝路文库"撰写的总序，读后令人为之感动，感动之余，我时常思考，这套"文库"的目的不仅仅是用文字串起一条丝路长廊，李舫心底所思所想，还期待借助这套"文库"廓清文风、世风。她认为，人事必将有天事相参，然后乃可以成功。1500年前，刘勰针对当时泛滥一时的浮靡文风，提出文章之用在于"五礼资之以成，六典因之致用。君臣所以炳焕，军国所以昭明"。而今，刘勰的感慨更值得我们深思。"丝绸之路名家精选文库"的宗旨也恰在于此——以文载道，以文言道，以文释道，以文明道。

"一个时代有一个时代的气象，一个时代有一个时代的文化。"李舫对文化的赓续绵延，有着自己的理解，也有着自己的判断——正是文化血脉的蓬勃，完成了时代精神的延续。中国散文近年来以汪洋肆意的姿态在生长，可谓千姿百态、异彩纷呈，而且作为一个文学门类，它在虚构与非虚构两端都各趋成熟。在我们的散文写作中，越来越多的学者式作家丰富着我们的园地，他们职好不同，风格迥异，文字或剑拔弩张、锋芒逼人，或野趣盎然、生机勃勃，或和煦如春、温润如玉。他们的写作，构成了中国当下散文创作不可忽视的事实：家国情绪，时代华章。

我注意到一个有趣的事情，就是这本书还附注着李舫对 14 位文学名家的点评，每一篇寥寥数百字，但是非常生动，读完每篇"作家印象"，每位作家的文风、形象跃然纸上。用李舫的话说，"这些作家，有耄耋长者，有青年才俊，他们风格迥异，各有妙趣，14 部书稿，清典可味，雅有新声，纵横浩荡地连接起丝绸之路的文明长廊。"很多人跟我有一样的疑问，她究竟是怎样做到这一点的？

李舫学过十多年理论，从哲学到理论，从创作到评论，这应该算是她的专业，也应该算是她的修炼。这些点评，得自于她平时对这些作家的阅读和积累，也得自于她与朋友们在工作中接触所收藏的记忆。

比如王巨才，他曾经担任延安市委书记，陕西省委宣传部部长，中国作协副主席、书记处书记，他的履历和他的文章是相生相伴的，所以李舫写他"凡益之道，与时偕行。他执笔半个世纪，所思所想所劳所愿，皆是时代命题、人民篇章。立采诗之官，开讽刺之道，察其得失之政，通其上下之情，此四者，也恰是王巨才的文章道法"。

比如丹增，他的名字翻译成汉语，就是继承、弘扬和扶持佛法，他曾任中国作协副主席、书记处书记，云南省委副书记。当年毅然跟随解放军走出了喇嘛庙，走上了革命的道路，所以李舫评价他："丹增的文字具有自然般的神力，复苏了一个古老大陆的命运和梦想。他胸中的万物，各有其灵，尽善尽美。生死万物都平等地沐浴阳光，开枝散叶，春种秋藏，它们是神祇的宣示、真理的昭告，大音希声，却震慑寰宇。"

比如陈建功，他出生于广西北海，8岁随父母来到北京，在北大中文系毕业后留在北京，成为著名的京味儿作家，他的文学就是他的人生。他出道很早，李舫读着他的作品成长起来，没想到有一天有幸主编他的书。李舫对他和他的作品都太熟悉，所以才评价他"沉着中有昂扬，追索中有挣扎，平静中有波澜，温醇和煦，却如寒风一般劈开一城的雾霾，清冷凛冽"。

比如阿来，从《尘埃落定》开始，"阿来"这两个字便注定有了特殊的含义。他出生于大渡河上游马尔康的嘉绒藏族，而他生命的道道履痕都始终围绕嘉绒。在这里，他见证了世世代代半牧半农耕的藏民族的寥廓幽静，见证了具有魔幻色彩的高原缓缓降临的浩大宿命，见证了那些暗香浮动、自然流淌的生机勃勃，见证了随着寒风而枯萎的花朵、随着年轮而老去的巨柏、随着时间而荒凉的古老文明。所以，李舫评价他的文字，能够"抵达不朽"，这是文学的终极目的。

李舫是长春人，生在长春，长在长春，北方的土地肥沃润泽，养育了她对白山松水的眷恋和沉思。李舫常说，长春是生养我的故乡，她永远是我心底最坚定也是最柔软的地方，它照亮了我思乡的心路，也指引着我未来的行程。她在北京生活已经25年了，但是每于夜深人静、静谧恬淡的时刻，故乡便常常从心底跳跃而出，那些熟悉的街道、楼房，都曾经出现在梦里。在一篇文章中，李舫曾经写道：去乡多年，最怕读到王维那首诗:"君自故乡来,应知故乡事。来日绮窗前,寒梅着花未?"
时间,就像卑微的西西弗斯,每个凌晨推巨石上山,每临山
顶随巨石滚落,周而复始,不知所终。远离故乡的日子里,
故乡,是我们生命的圣地,也是我们前行的动力。感谢故乡,
每每在我们最艰难的时刻,宛如晨星般出世,举助我们远离
繁杂与喧嚣。

李舫是典型的"报二代",父亲李岛大学毕业分配在《长春
日报》,工作40余年,她在报社的院子里长大,报纸从排版到
印刷的每一个环节都无比熟悉。李舫的父亲爱交朋友,高中时
她在重庆路的家永远人来人往、高朋满座,被父亲的同事们称
作"长春日报分号"。她在大学一年级时创作的第一篇小说《对
弈》就发表在《吉林日报》副刊,后来被《小说月报》转载。那
个时候父亲每个月给她的生活费只有50元,可《吉林日报》和
《小说月报》给她开的稿费一共100多元,这笔钱在她的口袋里
揣了好几个月舍不得花。她说,她是《吉林日报》,也是吉林培
养出来的作家。

李舫每年春节回家,走在故乡生动的变革中,时时感动于
她那浩荡的前行、纷繁的绽放。离开家乡的日子久了,她却发
现一个秘密,只要是吉林人,彼此一眼就能认出对方——是吉
林人的脸上骄傲地写着"吉林"两个字,还是吉林人心底里有着
心有灵犀的故乡密码?她说,她不知道,但是她知道的是,作
为吉林的游子,她与白山松水的渊源和爱恋,真的是不用手臂
就可以相拥。记忆中的故乡,是不灭的灯塔;现实中的故乡,
是心灵的岛屿。不管走到哪里,吉林,长春,白山松水,一草

一木，都是她魂牵梦绕的故乡；不管走到哪里，她会驻足回眸，故乡——永远在她的心里，在她的梦里。

　　和李舫相识在北京举办的一次培训会上，彼时我在吉林日报社任总编辑，她时任《人民日报》文艺中心副主任，挂职在中宣部新闻局。因为是家乡人，她主动热情地跟我联系。看到她名片上李舫两个字，我说有一个我非常喜欢的作家跟她重名。李舫平静地问我，主要作品是什么？我说，《人民日报》曾经大篇幅刊发过这个作家的《在火中生莲——韩愈与潮州》，我那时在白山市政府工作，看到这篇文章非常喜欢，便把这张报纸放在案头，经常品读。韩愈被贬谪之后，仍然心系百姓，为地方做了很多好事，对我很有启发。李舫听完大笑，说那就是我写的呀。我非常惊讶，怎么也无法把那么老到的文笔和眼前这个清秀的女子联系在一起。李舫说，你以为是一位老先生吧？我收到很多读者来信，都写李舫老先生收。

　　李舫本来是个理科女，曾在全国中学生奥林匹克物理竞赛上获奖。擅长理科的她，大学却报考了哲学系，之后又读了文艺学硕士和博士，成了著名的作家和文艺评论家。这种文理兼修的知识结构，使得她的作品注重逻辑和义理，优美的文字后面闪耀着理性之光。我的写作受到李舫的一定影响，我在《光明日报》上刊发的《兹游奇绝冠平生——苏轼在儋州》就学习了她《在火中生莲——韩愈与潮州》的写法。她还把我的散文《端午，包裹大地深情》，收入她主编的《观天下——中国新世纪散文精品文存》。

人物简介

李舫，女，吉林长春人。作家、文艺评论家，中国人民大学文学院文艺学博士，中国作家协会全委会委员、中国文艺评论家协会理事、中国散文家学会副会长、中国作协文艺理论评论委员会委员。

作品散见于《人民日报》《光明日报》《中国青年报》《人民文学》《钟山》《收获》《作家》《大家》等报刊，数次获得中国新闻奖、冰心散文奖、中国报人散文奖等奖项。长期担任鲁迅文学奖、中国儿童文学奖、徐迟文学奖、丰子恺华语散文奖以及"五个一工程"奖、中国电影华表奖、中国电视金鹰奖等评委。

代表作有《春秋时代的春与秋》《能不忆江南——一座"天城"的前世今生》《大道兮低回——大宋王朝在景德元年》《在火中生莲——韩愈与潮州》《贾科梅蒂：青铜魔法师》《比记忆

更黯淡的传奇》《沉沦的圣殿》《埏埴以为器》《苟利国家生死以》等；已出版和即将出版作品《不安的缪斯》《在响雷中炸响》《重返普罗旺斯》《魔鬼的契约》《大春秋》等；常年在《国家人文历史》杂志开设专栏"一个人的电影史"；2017 年主编大型文学书系"丝绸之路名家精选文库"。

李路：我们有一个共同的名字——人民

反腐大剧《人民的名义》播出后异常火爆，不仅获得了口碑、收视的双丰收，展示了国产电视剧的创作实力，还成了一个现象级的文化传播案例。

《人民的名义》塑造了一批个性鲜明、血肉丰满的人物形象，侯亮平、沙瑞金、陈岩石、赵东来、李达康、高育良、祁同伟、丁义珍、刘新建……无论是正、反面角色，都让观众爱得服气、恨得过瘾。

然而，在剧本精彩扎实的基础上，在这些表演者们入木三分的艺术再创作背后，还有一个人——掌握着全局，用了700多个日夜的难眠和殚精竭虑，肩挑着重担，于是带出了一个耐得住寂寞、抗得了压力的坚强团队。

他就是该剧的导演、总制片人李路。

他的身份有很多重，制片人、电影厂厂长、电视剧中心主任、艺术总监、公司总经理。然而，他还是最钟爱导演身份——这是承载着他最初的挚爱与梦想的基石。

他是吉林长春人，生在吉大二院，长在西安大路，五中和十二高毕业，在吉林艺术学院读的大学。他还有一个鲜为人知的身份，"我的父母把青春和热情都奉献给了《吉林日报》，我为是吉报人的血脉感到骄傲！"

以创作的名义：用责任与担当向观众致敬

《人民的名义》这部电视剧，一经播出即火爆大江南北。现在思绪沉淀，李路总结了这部作品成功的原因。开拍前，他们就做了定位，想把它拍成一部现象级的电视剧。但播出后这么火，当初确实没有预料到。冷静下来之后，他自己也做了一些思考。

首先，在中央实施"拍蝇打虎"反腐行动以来，老百姓很少能在影视作品里看到反腐的真实写照。观众在心理上有期待，但更多的、深层次的，李路觉得应该是形成了一种共振。影视作品表达的主旨，跟老百姓的所思所想非常合拍，他们把这些年来人们想说而没说出来的话语，想要表达而没有表达出来的情绪，都在电视剧中有所呈现，于是引起了大家的共鸣，李路觉得这可能是最关键的原因。

第二，这部作品比较接地气，说真话，让观众看完觉得这就是他身边的人和事。包括"90后"的年轻观众群体，在看到这部剧后觉得很新鲜，认为说得够真、够到位，于是也得到了他们的认可。

第三，他们在一部剧中融入了悬疑、情感、烧脑推理等多个类型剧的表现形式，因此使得不同阶层、不同年龄段、不同区域的华人以及外国朋友都喜欢看。但每个人的视角和关注点不一样，其中不乏善意的调侃或者恶意的解读。

可以说，在运作这部电视剧的过程中，李路带领团队都做了缜密的策划和认真的思考，所以从品质到定位都对了。古希腊有句谚语叫"在适当的时候做适当的事，是一种伟大的艺术"。李路觉得就是在这个时代、这个时刻，这部作品能够出来，可谓恰逢其时。既是党和国家对于反腐意志的一种文艺反映，也契合了当今多屏时代观众对文化产品需求的心理。当然，这一系列的"碰巧"更包含了他们创作者的担当和追求。

《人民日报》刊发了《重建辽阔的现实主义》的评论文章，对这部电视剧给予了高度评价："在这个重要的历史关头，文学艺术以饱满昂扬的姿态，积极书写和记录伟大实践，积极表达社会现实、回应人民关切、展现正义力量，体现了文艺工作者的责任和使命。"

从《人民的名义》出发，延伸视线，党的十八大以来，以习近平同志为核心的党中央全面从严治党，高举反腐利剑，扎牢制度笼子，将党风廉政建设和反腐败斗争提到新的高度，赢得了党心民心。密切党同人民群众的血肉联系，是加强党的建设的必然要求，也是人民的愿望与选择。

李路说曾有人问他："李导，这次您是用了哪家宣传公司？"他回答："国家。"这种普通观众发自内心的"自来水式"的口口相传是任何宣传公司都做不到的，还有更多人是自发地为这部剧呐喊助威，并主动进行再加工再传播，这些善意的助力让他们非常感动。归根结底，他觉得这体现了党和国家的自信。

十八大以来，中国的反腐既是国际关注焦点，也是国内民心所向，波及面之广、影响力之强前所未有。《人民的名义》打破了多年以来反腐题材影视作品没有跟上现实的尴尬现状，他们要还原一个相对真实的反腐生态。避重就轻、模棱两可是拍不出好的反腐剧的。这部剧揭示了当下反腐斗争的重大意义，以积极姿态对反腐斗争进行了艺术表现与思考。反腐不只是要把生锈的零件、患病的器官拿下来，更重要的是找到致锈的原因、病灶的所在，从而正本清源，创造清明的政治环境。

李路觉得，这部电视剧能够顺利面世、反应强烈，是党和人民对他们的选择和认可。

原著作者周梅森老师对李路的评价也非常高，他们之间互相信任也互相欣赏。在李路决定拍这部剧的时候，反腐题材已多年未被人提起，并且那时周梅森老师仅写出了3集的剧本，依靠胆识和魄力，李路直接付了剧本全稿的费用，并坚定不移地拍了下去。

李路说他与周梅森老师已经相识20多年了，以前就约过稿。2015年初，最高检影视中心找到了周梅森老师，希望能创作一部这样的作品。那时，他的小说《人民的名义》已经耗时近8年，仍然没有收尾。李路知道这个消息后，立刻主动找到周梅森，约他喝酒聊天，告诉周梅森自己喜欢这个项目。在考察了李路多年来的作品和成绩后，周梅森老师把他推荐给了最高检影视中心。

在找投资时，因为题材敏感，投资方大都采取观望态度。对于周梅森不熟悉的人可能也无法接受他的创作套路。3集剧本，大纲也没有，人物小传也没有，故事脉络和人物形象都不是很突出，但李路发现这个案件本身非常吸引人，角度很好，于是暗下决心：一定要第一个把它拿下并做成一流产品。

李路策划、制作、导演了四五千集的电视剧，应该说从未失手，在行业里被称作"金手指"，从艺术创作到生产制作各个环节他都"门儿清"。多年对于现实主义题材的钟爱和探索也积淀了他的勇气和底气，别人做不了的，他敢干！当时他对周梅森说："您这个剧只有我能做好，换成别人只能是把这件事完成而已，而我却能让它出彩，我既有这个自信也有这个能力。"

周梅森曾到拍摄现场去过3次，对拍摄过程中的一些事情有异议，李路就跟他认真解释，请他耐心等待成品。果然，等完成剪辑把样片送到周梅森面前时，整整3天，他看得入了迷，然后给李路打电话说："这片儿拍得太好了，把剧本拍活了。"

可以说，周梅森在剧本中对政治和人物的"布局"是令人叹服的，也唯有他身兼作家和编剧的双重身份能够做到。再加上李路带着团队在其剧本的基础上下了不少功夫去添彩加戏，比如李达康在大风厂火灾现场上下梯子跑，祁同伟用马桶冲掉电话卡，微信、直播等现代科技手段等剧情，都是他们拍摄中临时填补进去的，也让剧情更有看头、更接地气。

《人民的名义》除了塑造了一批个性鲜明、血肉丰满的正面人物形象外，还生动展示了一批腐败分子堕落的过程。一大批"老戏骨"的精彩演绎让这部电视剧打破了过去平面化的反腐行为的展示，以有血有泪、有因有果的全方位演绎，让反面形象不再被简单地脸谱化。

　　李路说，现在有一种说法叫作"为什么祁同伟死了，大家却高兴不起来？"，这从一个侧面反映了即便是反面人物，也是有血有肉、有因有果的，他不是一天就走上犯罪道路的，他的善与恶、光荣和堕落，人性的蜕变，都是通过一件件事显现出来的，这也就避免了以往的脸谱化、单一化，这也是他所侧重的地方。

　　李路向我感慨，首先，能把这些演员集合在一起就是个奇迹，是一个系统工程。说实在的，其中任意两三位组合都能拍出一部很好看的戏来。这些演员来到剧组后，不仅时间和演出价格都优先优惠，而且大家都是发自内心地进行艺术创作，拿出了最好的状态，甚至是看家本领。可以说，"拿下"他们是下了很大功夫的，每找到一个演员后，李路都亲自去谈故事、谈人物、谈他们共同完成的这件事的分量与未来。有人开玩笑说，是李路把他们"忽悠"来的。其实演员们来到剧组后，发现大家都是功底深厚、扎实的实力派，在对手戏中很容易不断碰撞出灵感火花与创作激情来，这对于整个剧组和拍摄来说，真是太棒的一件事了。

　　精彩与难忘的瞬间也很多！他们拍得很辛苦，李路每天睡眠大概只有三四个小时，一共拍了 4 个月，这已经是他常年拍戏的一种状态和习惯了。别看休息少，但李路到了片场马上就能把最佳状态调整出来，斗志昂扬的，大家都笑称怎么没见过他睡觉。演员们在他的影响下，也跟着他一起"玩命"地拍，利用最短的时间、最高的效率拍出堪比电影质感与品质的画面来。

　　李路认为这部剧中的每个演员都找到了自己的准确定位，

所以他非常尊重他们的再创作。没有人比他们更深入地钻研过自己的角色，但每一个演员都更注重自己饰演的人物及相关对手人物的戏份，难免缺少对整体的把握，所以在这个时候，就需要他去统领全局，给他们讲关联、讲起承转合、讲关键要点。

以学习的名义：学以致用，返璞归真

李路说自己一般是用准确的直觉去发掘选题，并以此就能"定胜负"。其实这所谓的直觉必然离不开长期学习、观察、实践和思考的积累。

这些年来，李路先后到长江商学院等院校继续深造，学到了很多其他行业的优秀经验和理念，而后他又把这些收获引入到了文化产业中。作为一个并不"高产"的导演，李路对每个题材的选择都奉行两个原则，即社会认同和艺术价值。有了这两点，收视率、社会影响力都会有。

问及李路是如何在实践中逐渐摸索到这两点原则，并能在当今资本操控市场的大环境中始终如一地坚持做下去时，他说，现今我国文化产业的空间正在逐渐扩大，政策导向也愈加明显，对于想要在文化产业中大展宏图的人来说，真是赶上了一个火热的时代。

他的学习经历，可以说就是在向其他成熟的大产业借鉴和学习。同时，在学习中接触到了各行各业的精英同学，也给他许多启示和帮助，更在事业上成了互相扶持的好搭档。

在多年的学习和实践中，他有一点感触特别深，那就是逐渐能够拿得起也放得下了；能够跳出原有身份，以另外一个视角去审视自己和思考问题了。这让他更有意识地放慢脚步，静下来思考。

最近，李路说他接到了很多选题，各种题材各种类型都有，其中不乏赚大钱发大财的机会，可是他并没有盲从，更没有迷失，这也是他这些年学习累积下来的一种素养吧。他只做他想做的，不好的东西不管能赚多少钱他都绝对不拍。也正是由于这个原因，李路原来的团队中有很多人都逐渐走了。其实在这样一个充满了诱惑的行业里，能够坚持自我标准是很难的，做一时的坚守可以，做长期的坚守好难。只有真正地静下心来，才能做出好东西。如果只是一味讲求数量，把本该精雕细刻的、有情有义有表达的作品搬到流水线上，那砸牌子和失败就是注定的了。

在李路的履历中我们可以看到，他曾是晚会导演，却心心念念想拍电视剧。同时，在他的作品中，他还经常兼任制片人和导演双重身份，这与他早年在江苏南京时曾经管理制片团队、运营团队，熟悉各个生产环节的工作经历密不可分。李路说他在江苏的一系列工作经历为他积累了许多经验，更给了他足够的勇气和底气，让行业中的精英能够为他所用，跟他和谐相处、共同创作，很多因为工作关系而变成了至交好友。他竭尽所能地为大家服务，大家也自然用全心全意的支持和配合回应他。

电视剧导演一直是李路坚持的方向。因为他更倾向于做能表达内容的类型剧，而不想一味地只做拼盘式的歌舞集锦。电视剧可以让导演有创造和表达的空间。而且他还做过文化记者，天天扛着摄像机到处拍，积累了很多素材。李路用通俗的说法向我们做了讲解：导演和制片人各有职能，一个是花钱的，一个是管钱的；一个是进行文字视觉化的，一个是负责算账的；一个是形象思维，一个是抽象思维。说实在的，这样两个重要身份切换起来很不容易，他笑谈说像他自己这样的也算是一个"奇葩"了。有人问他，如果专注一样，会不会更好？李路认为，那也未必，还是要根据实际情况来决定。

以乡情的名义："我是吉林人，更是吉报人的血脉"

在《人民的名义》中，有将近一半的演员都是吉林籍或者曾经在吉林读过书，这些老乡演员对李路的评价都非常好，说他很念旧情，经常照顾哥们儿弟兄，有任何机会都会想着帮大家一把。李路是吉林长春人，虽然大学毕业工作分配到了南京，但他对故土一直有着一份特殊的情感。他的父母曾在吉林日报社工作过，作为新闻工作者的后代，李路说他对吉林这片黑土地的感情太深了！他出生在吉大二院，上过吉林日报社的幼儿园，经常到报社的图书馆去看书。近20年的吉林生活，至今仍然历历在目——那里到处是他的同学、朋友，更有他宝贵的青春岁月，这些对他的艺术创作有着巨大的影响。

李路的父母都是复旦大学新闻系的毕业生，当年服从分配一起到了长春。他的母亲先到了吉林日报社，先后在多个部门从事一线采访工作，当过记者部主任，一干就是20多年。他的父亲先是在长春日报社任职，后来又调到了吉林日报社，任过副总编辑，直到 1987 年，他们从长春回到了南京。二老非常支持李路从事创作，经常和他谈起新闻和创作的事情，他曾开玩笑说要挨篇看看他们写了一麻袋的新闻稿。父母虽然"落叶归根"，但一直心系《吉林日报》。2015 年 10 月，他们还曾受邀回报社参加 70 周年社庆，非常高兴。现在他们看天气预报都是看完南京就看长春，如果遇到了东北人，马上就会追问人家是不是从吉林来的，他们把自己的青春和热情都奉献给了吉林和《吉林日报》。

可以说，作为吉报人的血脉，北方的豪放、南方的细腻加上黑土地的包容与强悍，成了李路骨子里最深刻的印记，更对他性格和气质的形成起到了决定性作用。他的艺术之路就是始于吉林那片黑色的沃土！

问及未来的规划，李路表示他目前还没有马上要实施的拍摄计划，打算先休整一段时间。手里有几个选题正在挑选，其中有部电影是他很喜欢的。现在他已经和编剧沟通，希望他能够以宏大的国际视野去构架整个剧本。最近两年的电影市场不乏佳作，但内容上仍缺少有分量的作品出现，他希望自己能做一个质量过硬、品质到位、让观众买账的作品。

在他心中，长春的文化底蕴非常深厚，中国电影摇篮的盛名自不必说，还是大学城、森林城、汽车城。他一直都想拍一部有关长春的作品，力争使其成为长春的影视名片。现阶段，他正在接洽一位来自长春的青年编剧，想要跟他共同合作拍摄一部立足于长春的、有关致敬青春的年代剧，写写当年人们的质朴和纯粹的情谊，里面会加入长春的特色风光和地标性场景，把它拍出味道来，既有商业价值又让观众满意，不过现在还是意向阶段，电影抑或电视剧都可以。总之，他想尽己之力，回报吉林这片养育过他的热土。

立起一座山，便要走出这座山，再立一座山，这让李路一步步走成了开山辟路的人。从《老大的幸福》到《人民的名义》，他都是在类似题材的荒漠中辟出一条路来，成为一个标准和标杆，鼓舞大家一起往前冲，最终把路越拓越宽。

不想让百姓的梦，跌落于悬崖，他用一部剧变成现实的缩影，敲醒了沉睡的人们。他用一颗心，脉动一群人的心，用一点光，点亮反腐路上更多的灯火，《人民的名义》业已收官，他又向另一座大山开拔。

电视剧《人民的名义》开播的时候，我正在吉林日报社工作，《总编访谈》这个栏目吸引了很多读者的目光。鉴于这部电视剧在观众中的反响，我决定专门做一期访谈。我首先选择的是编剧周梅森，而且已拿到了他的电话号码。就在准备动身去采访之前，报社一位同事不无骄傲地对我说，导演李路是以前在吉报工作过的李总编的儿子。这句话提醒了我，采访李路不是更合适吗？于是我试着给李路发了一个短信，表达了我的想法。很快就得到了李路的回复，他爽快地答应了我，并说："我的父母都在《吉林日报》工作过，他们把最好的年华都奉献给了吉报。我对家乡也非常有感情，一直希望能为老家做点什么。"

我如约来到南京，李路反应迅捷的思维，流利顺畅的表达，使采访非常顺利。"走，喝酒去！"李路干脆地说。似乎采访只是一个见面的由头。听说老家来人，李路的父母专门赶到饭店，我们虽然是第一次见面，却感到格外亲切。两位老人家跟我谈了很多当年的往事，表现出对过去生活的留恋。席间，他们还让我拨通了几位仍在报社工作的老同事的电话，表情异常激动。

从那以后，我跟李路成了非常好的朋友和兄弟。

人物简介

李路，男，国家一级导演，影视投资人、制作人，中国电视剧导演工作委员会常务理事，原南京电影制片厂生产厂长、江苏电视台电视剧制作中心主任，主要导演代表作有电视剧《孤星》《小萝卜头》《老大的幸福》《山楂树之恋》《坐88路车回家》《人民的名义》《天衣无缝》等，曾多次荣获中国电视"金鹰奖""飞天奖"等业内权威奖项，个人荣获中国电视制片委员会"十佳电视制片人"等殊荣。长期坚持"有情怀、有力量"的创作理念，形成了题材独特、关注现实、细腻沉稳的个人风格。2017年导演兼总制片人作品《人民的名义》以实时收视率破8%、平均收视率3.66%，创造了近十年来卫视黄金档电视剧收视最高纪录，被誉为2017年最具影响力的文化现象之一。

李光羲：歌声里流淌的"文化自信"

　　他是新中国舞台上第一批排演的西洋歌剧《茶花女》《货郎与小姐》的男主角，也是人们耳熟能详的《北京颂歌》《祝酒歌》的演唱者，更是舞台上永远英姿勃发、神采飞扬的"歌坛常青树"。他的每一次登场，都和大时代的命运息息相关，他的每一次放歌，都承载着一代代人难忘的记忆。他曾说，他这辈子最幸福的两件事：一是选择了自己的爱好为职业，二是与志同道合的王紫薇相伴一生。他，就是著名男高音歌唱家李光羲。

　　西汉时的《乐记·乐本》中说："凡音之起，皆由心生也。"音乐从本质上而言，也是一种心灵的写照。如今，他以近 90 岁的高龄仍然笑傲舞台，这是老一辈艺术工作者的执着和坚守。让我们乘着歌声的翅膀，体味他那永不停息的青春和激情——待到理想化宏图，咱重摆美酒再相会！

从天赋到坚持：音乐之路没有捷径

提起李光羲的名字，在中国真可以说是家喻户晓。他在舞台上唱到89岁的高龄，并且在每个时代都受到观众的喜爱和欢迎，但不为人知的是，他的艺术之路，也曾布满坎坷。

李光羲老先生说，在他的音乐之路上，首先要感谢父母给予他的先天条件。除了嗓音，还有他对音乐的感觉，耳朵的灵敏度，后天的努力和勤奋，这些都构成了他能走上音乐道路的必备因素。

其实，他的艺术之路还有一个特殊性，那就是他从来没有正式地学过声乐。音乐艺术讲究科学的乐理，发声、表演，都有系统的理论。他小时候，爱看京戏、北方大鼓和外国电影，爱听唱片，还进了教堂的唱诗班，接触到许多西洋交响音乐，学会了五线谱。喜欢听歌，然后就跟着唱。他就是完全凭着自己的实践和悟性，凭着自己对音乐的热爱，慢慢摸索出来的。那时，他常常听着名演员的歌曲反复揣摩，听了唱，唱了听，大家的鼓励也增强了他唱歌的信心。

脚踏泥泞，俯首躬行，在荆棘和贫穷中开拓他的音乐之路。17岁时，因父亲去世，他高中二年级辍学接替父亲进入家乡天津开滦矿务局工作，肩负起了养家的重担。但他从来没放弃过音乐的梦想。新中国成立后，文艺工作者不再是"下九流"，音乐工作者也成了革命工作者，这就更增加了他走下去的信心。1953年，他加入中央歌剧院，1954年冬天，举办了第一场音乐会。唱完后，观众的掌声经久不息，纷纷叫好，不让他下台。这是来自梦想的呼唤，也是音乐之路上最初的基石。

他回忆，过去的演出，都是"打游击"，走农村包围城市的路线，用的是土台子。新中国成立后，周总理说，要把文化艺术传播给老百姓，推行剧场艺术，用好的戏剧打动观众。1955年，歌剧院排演了我国第一部西洋歌剧《茶花女》，李光羲在其中扮演男主角阿尔弗雷德。随后，一剧走红。那时候他想，如果给"成名"定个标准，那就是观众的热烈欢迎，大家喊着不让你下台，那也许就是成功了。

匈牙利钢琴大师李斯特曾说："音乐是不借任何外力，直接沁人心脾的最纯粹的感情火焰；它是从口吸入的空气，它是生命的血管中流着的血液，感情在音乐中独立存在，放射光芒。"那么于李光羲先生而言，音乐，就是他的天堂，因为天堂里什么都有。他在40多岁时患上了喉肌弱症，甚至不能发声，后来硬是凭借自身努力重新迎来了音乐高峰。冰心老人曾经题词勉励他："走自己的路，唱自己的歌。"一路走来，他在歌声中修炼着技艺和人生。

年轻的时候，他对音乐充满了热情，为了弥补过去不能尽情唱歌的遗憾，谁来邀请他，他都会去唱，也不要钱，有时一天甚至唱好多场，最后把嗓子的肌肉唱坏了，说不出话来。1956年以后，他开始慎重。因为他明白，只有保养好自己的身体，保护好自己的嗓子，才能发挥更大的作用，为社会作出更大的贡献。

李光羲老先生不无感慨地说道，文艺工作其实很难，你所创造的东西，是不是能长久地留在观众的心中？是不是能让大家念念不忘？同时文艺工作者也要根据不同的历史时期，与时俱进，随时积累自己的曲目，要在人生的不同时期都有自己新的、代表性的东西。就像小说家，一生不能只出版一本小说。那么同理，歌唱家也是一样的，只有不断增加自己的人生阅历，才能提高音乐表现力。

这么多年来，他一直都有自己的新歌。近几年，在 85 岁以后，应电视台邀请，除了歌剧、曲艺、民歌等，他又接触了一批通俗音乐，《执着》《让我欢喜让我忧》《牵手》《大笑江湖》《花房姑娘》《小苹果》，跟李谷一演唱《何日再相会》……

他没有按照通俗音乐的唱法发声咬字，而是加入了自己的发声、咬字，用自己的声乐表现，来演唱他所理解的内容。很多年轻歌手听后都和他开玩笑说："李老师，您这么大岁数了，还跟我们抢'生意'啊。"他笑着说，现在他每演唱一首通俗音乐，就会有很多朋友打来电话，说："哎哟李老师，您又在撒欢儿呢！"

2016 年六一儿童节前夕，中央人民广播电台少儿栏目组邀请李光羲和几位"80 后"老艺术家为儿童节录制节目，他们 6 个人，年龄加在一起 500 岁。他当时唱了儿歌《春天在哪里》《快乐的节日》。很多人打来电话，说："您简直神了。"

现在随着我们国家国力的增强，借助媒体传播，全世界都在关注中国。凡是有华人的地方，都能看到我们演出的节目。习近平总书记经常说，要讲好中国故事。在李光羲看来，唱歌也是在讲中国故事，在掷地有声地传递我们的文化自信，在发出"中国好声音"。他说，世界各地的朋友，经常打电话说看到他的节目了，这种油然而生的成就感和荣誉感，让李光羲感觉到自己的价值所在，这也是他歌唱的动力之源，虽已耄耋之年，但还能为推动中国文化的繁荣兴盛做出贡献。

1964年，李光羲出演大型音乐舞蹈史诗《东方红》，受到周恩来总理的亲切关怀和指导，那是一段终生难忘的岁月。1976年周总理逝世后，他的那首《周总理，您在哪里》曾经让无数人潸然泪下。

提起周总理，李光羲一时沉默，陷入那段深沉的岁月之中。在他的印象中，周总理是一位难得的伟人，为中国的革命、建设事业鞠躬尽瘁，受到全世界政治家的敬仰。他觉得自己是非常幸运的，因为周总理在1955年听了他的歌后，从此的19年间他们一直保持着密切的联系。总理对他的提携，给他的鼓励非常大。那时候，毛主席和外国客人会谈、吃饭，饭后要出点小节目，周总理就说："把李光羲叫来。"这种荣誉真是太难得，也让人太难忘。1958年初，他在"反右运动"中被下放到河北省抚宁县海阳镇崔赵庄当起了农民，和老乡同吃同住同劳动。9个月后他回家探亲，见剧院派了200多人的演员队伍，去欧洲演出，非常羡慕。后来，周总理审核节目，把他从农村调了回来，到苏联演出。1972年，柬埔寨国王西哈努克在中国避难，过50岁生日时，说"给我过生日最好唱我的歌，请抒情歌唱家唱"。这次，又是周总理将他调了回来。

李光羲说，每每在最关键的时刻，周总理都在帮助他。科技界、教育界、文艺界等各条战线的同志，都对周总理深怀敬仰。1976年1月8日清晨，当收音机里传出周总理去世的消息，他心里万分难过。刚好那时诗人柯岩和施光南合写了一首《周总理，您在哪里》，这首歌给了他，看到歌片他就哭。后来，他在台上唱，所有底下的观众都在掉眼泪。这首歌，歌颂了一代伟人，这就是人们心中的经典，真实地反映了人民的心声。

1956 年，李光羲参加歌剧《茶花女》的演出，这是他至今难忘的一件事。首演是在北京的天桥剧场，这个剧场是按周总理指示参考国外剧院的规模建造的，是国内第一个不同于旧戏园子的现代化歌剧院。当天，周总理亲临剧场观看。他在演唱时，周总理白净的脸庞和两道浓眉无意中吸引了他的目光。但后来演着演着发现，总理坐的座位空了，他想可能总理太忙，中间退席了。后来才知道他换了楼上楼下几处不同角度的座位去听音响效果。演出结束后，总理上台来祝贺他们演出成功，并对乐队说，请他们调整伴奏的位置，拆掉"音墙"，不要用大音量压住演员的声音。当时的剧场有 1500 个座位，他们演唱是按照国际标准，不用"麦克风"电声扩大的。

每位歌唱家，都有自己的代表作。李光羲先生的代表作，那首脍炙人口的《祝酒歌》，从 1978 年演唱至今，成了"经典中的经典"，40 年来，让一代又一代人为之心潮澎湃。当年，这首歌的唱片创下了不到一星期就卖出 100 万张的记录。除了《祝酒歌》，他的其他歌曲如《何日再相会》《太阳出来喜洋洋》《北京颂歌》《牧马之歌》《延安颂》《红日照在草原上》等等，也都被广为传颂，至今长唱不衰。他的每一首歌都和时代的进步息息相关。如今他虽已年近 90 高龄，仍然不辞辛苦地全国各地演出，凡事亲力亲为。

作为德艺双馨的老艺术家，李光羲对于今天的年轻同行们，对他们的歌唱事业，也有着期待和寄语。他说，在1978年演唱的《祝酒歌》，这首歌简直震动了寰宇，这首歌反映了粉碎"四人帮"后人们的喜悦心情，表达了亿万人民共同的心声，而且歌曲极富艺术性。在他看来，这些都是这首歌能够长久地占据人们心灵的原因。

李光羲觉得，演唱歌曲一定要让人喜闻乐见。作为歌唱家，反映时代，反映生活，给人带来美感，这是责任。从小，他就想，他一定要唱李光羲自己的歌，让别人知道他的特色，抄袭别人的东西没有意思，也没有生命力。有些歌唱家，唱了一辈子，没有自己的特色，也没有自己的歌曲。而在每个历史时期，李光羲都注重创作和积累自己的名曲。因此这六十几年，才能不间断地活跃在舞台之上。李光羲认为，改革开放就是要创新、超越，这样才能创造中国特色，超越前人。他从艺术的道路上，慢慢悟出了这样的道理。

"现在的年轻人，有才华的人很多，但唱歌多以模仿为主，人云亦云。当然，如果是在学习演唱的早期，这种现象也是很正常的。"李光羲先生语重心长地说。为什么他出的带子能特别受欢迎？有别于其他通俗音乐的特点就是：他用自己真实的声音，语言特别讲究，观众听得明白。而且，在他的歌唱生涯里，每个时代，几乎都有新的歌曲推出，如此，观众才能百听不厌。推而广之，做任何事情，都要有自己的特色，有自己的坚持，这样才有价值。

对年轻人而言，李光羲认为，人最关键的，首先是要立志。

做什么样的人，必须明确。第二是要量材。人得知道自己的特点、长处在哪儿，不能好高骛远。另外，必须走一条长路。我们国家的很多大科学家、大艺术家，都是积累了一辈子的。虽然我们的生命有限，但是你可以靠自己的努力延续自己的艺术生命，一切命运都掌握在自己的手里。

从相知到相守：幸福彼岸用心抵达

"执子之手，与子偕老"。李光羲先生和夫人王紫薇女士伉俪情深，相依相伴相濡以沫，他们之间的爱情，是年轻人向往的最浪漫的故事。

山上高松溪畔竹，清风才动是知音。两个人1953年认识，1957年结婚，到今年已60多个年头了。他们志同道合，性格也比较接近。夫人王紫薇女士也很有才华，一直在北京大学医学院教书。李光羲先生说夫人在生活中总是特别有办法，对他的照顾既体贴又周到。现在老了老了，两个人更加形影不离。令我们意想不到的是，夫人还是诺贝尔奖获得者屠呦呦先生的学妹。

两年前，李光羲老先生在中央电视台演播厅演出时，不小心从舞台上掉了下来，摔坏了腿，膝盖也置换成了合金钢。从那以后，夫人王紫薇就放下了手里所有的事情，全心全意地照顾他，陪伴他，李光羲说夫人对他的帮助特别特别大。

婚姻是人生大事。一个人是单独的人，一个个婚姻组成的家庭才是社会最基本的细胞。李光羲认为，人类社会的发展、稳定，从小处说，靠的正是婚姻。婚姻绝不是可有可无的。婚姻既符合人的自然需要，同时也是和谐社会最基本的因素。在婚姻上一定要有理想，找与自己志同道合的人，但又不能过于理想化。所以，爱情是个非常难的事，它不是凭自己的主观愿望就能实现的。能拥有美满的婚姻对于一个人来说，是非常幸运和幸福的。美满的婚姻既能辅助事业，又能使双方以更好的方式和心态养育子女。所以，他希望当下的年轻人一定要严肃认真地对待婚姻，愿年轻一代，都能幸运地找到与自己志同道合的人。

人活着，不要执拗。这是李光羲夫妇俩的"长寿之道"。每一天都是生活最好的实践，只要用心，总能找到适合自己的健康生活方式。至于那些不好的品行、不好的习惯，就要用心去克服。人都有七情六欲，面对社会上各种各样的诱惑，一定要选择一条正确的人生道路，这对每个人来说都是最根本的。好的生活方式、好的楷模，到处都有，只要你愿意向他们去学习。

李光羲说，他们夫妻俩睡眠饮食都很好，不失眠，不挑食。无论走到哪里，都能较好地适应当地的环境，这样首先就能保证身体的健康；其次，从心情上说，他们几乎就没有烦心的事，结交许多朋友，这对他们很有帮助。

他很开心地向我们分享他的生活意念，他概括为 17 个字：觉睡足，便排净；少生气，多运动；争取有点用。现在在中国的舞台上，他说自己大概是最老的歌唱演员了，一年还能演上个百八十场的。演出、评委、讲课……马不停蹄地接到各种邀请，其中干得最多的事，就是照相。走到马路上、超市里，到处都有人拉他们照相，他也从不推辞。李光羲表示要一直保持这样良好的心态，争取让自己对社会、对他人多有点儿用。

从艺术到人生：老骥伏枥，志在千里

近些年，李光羲常到学校、机关、剧院去讲座，其中有一堂讲座的题目是《艺术道路与人生感悟》，把他自己的人生体会认真地传授给大家。

老先生语重心长地说，对我们每个人来讲，"美育"都是特别重要的。首先，德育、智育是通过理解和记忆获得知识，而美育则直接撞击心灵、调理人的本性。通过对美的追求，能引导孩子认识生活并热爱生活。就像小时候，他爱看电影，爱听歌，这些都是不用教的。因为这些是美的艺术，而且自然而然地发自内心。如果从情感领域理解，美育就是爱。

艺术的源泉，就来自生活。所以，只有热爱生活的人，才能更好地拥抱生活，为生活奋斗，贡献自己的力量。大概谁也不能脱离开这样的法则，所以美育特别重要。我们讲文化，就是"以文化人"，让人更像人。拥有道德规范，热爱生活，这样才能有好的品格、好的气质和修养，来共同实现我们的中国梦。

著名教育家蔡元培先生生前经常讲，要走"科学救国，美育救国"之路，这句话对我们今天来讲仍然具有重要意义。李光羲经常参加一些画展等艺术展览，他说，只要到了那样的现场，不管你是做什么工作，那充满艺术气息的环境立刻就会给你打开一个新的境界，使人恍然大悟：原来离开了利害得失，人生还有这样的境界。在他看来，这样的境界就是美的境界。受到了美的感染之后，人的心里就会产生爱。

50岁以后，改革开放，生活水平提高，李光羲重新面对生活，审视自我。50岁，知天命的年纪，却是他人生里的春天。他去了世界上许多名城，走到哪里，就把歌声和笑脸带到哪里。他不但是歌坛的"常青树"，更是很多老年人的"人生标杆"。李光羲先生和夫人已经去过了全世界250多个名城，每年都会走出去。到了一个地方，他们就买最便宜的纪念品——冰箱贴，以至于后来家里冰箱上贴得太满了，影响散热才撤掉一些。

嗅每一片落叶的味道，对世界保持着孩童般的烂漫。在李光羲看来，一个人只要生命不息，就要奋斗不止。尤其到了他现在的年纪，凡事既要尽力而为，不留遗憾，又要量力而行，把握尺度。就像现在能尽自己所能做点儿有用的事，他就很开心，周围人也很高兴。在中国即将迈入老龄化社会的大门时，他想对老年朋友们说，心态、心境特别重要。如果自己思想不开化，那什么事情都能难为你，都能给你带来烦恼。他呼吁，包括老年朋友在内的所有人，都能以一个好的心态、好的状态，在细碎的时光中守望使命，以奋斗的精神拥抱生活，共同追逐我们中华民族伟大复兴的中国梦！

跟李光羲先生接触中，一直被一种情绪感染着。他的气质风貌温润如玉，他的性情心态乐观豁达，他身上的孩子气，以及他和夫人王紫薇的相依相守，都让人怦然心动，让人总能感受到，一种力量在鼓舞着你。

永恒金曲《祝酒歌》，歌坛长青李光羲。循着梦想的足迹而来，数十年的坚实耕耘，如花似果的音符，绚烂了几代人的青春。台上，他的声音雄浑而奔放；台下，他的身影辛勤而阳光。他为传递中华文化日夜奔走，他歌声里流淌着中华民族的自信，他双鬓上闪烁着与共和国一同砥砺前行的风霜。踏遍青山人未老，犹向天地寄深情！

人物简介

李光羲，男，又名李光曦，出生于 1929 年，祖籍天津。我国著名抒情男高音歌唱家、歌剧表演艺术家，中央歌剧院国家一级演员，享有国务院颁发的"有突出贡献的优秀专家"称号，有着歌坛常青树的美誉。曾因主演第一部古典歌剧《茶花女》而成名。1964 年在《东方红》中演唱《松花江上》。多年来演出过深受欢迎的大量曲目，如《太阳出来喜洋洋》《牧马之歌》《延安颂》《红日照在草原上》《周总理，您在哪里》《祝酒歌》《鼓浪屿之波》《何日再相会》《北京颂歌》以及歌剧咏叹调、外国民歌及艺术歌曲等，曾获文化和旅游部演出评比一等奖。1989年获首届"金唱片奖""建国四十年优秀歌曲首唱奖""改革十年优秀演唱奖"。1994年被美国传记学会收入《世界名人录》。

李玉刚：灼灼美玉，百炼成刚

说起李玉刚，很多人都有种万语千言道不尽的感觉。

有人说，他一曲霓裳，一笑一颦，抖落了历史的风尘；还有人说，他凤冠霞衣，百年风韵，回首便是沧海一瞬。他的表演方式融合了民歌、舞蹈、戏剧，用心将传统戏曲艺术与当代流行音乐编织在一起；他的唱腔高亢嘹亮、甜美悠扬，以独特的男人视角演绎幻化出具有典型意义的中国古典女性之美；他的信念坚定而执着，以自己的方式守护家国，传播传统文化，让全世界看到这盛世荣华、礼仪之邦。

过多的浮夸赞誉之词反而带来了太多距离感，我眼里的李玉刚，没有浮华，没有做作，他品着清茶，就坐在那里，像邻家兄弟，像村外池塘的春草，沉稳而悠扬，毫无雕琢地娓娓叙谈。

黑土地上，恣肆的音乐梦想

在吉林省公主岭市一个叫朝阳坡的偏僻小村落里，一个小男孩儿坐在村口，他的眼里是一望无际的黑土地，勤劳质朴的乡亲们在劳作间歇唱着欢快喜庆的二人转。这优美的旋律和婉转的唱腔回荡在田间，也荡漾在小男孩儿的心里。

这就是小时候的李玉刚。

李玉刚回忆，妈妈的嗓子特别好，喜欢边干农活边唱着歌，他小时候最大的乐趣就是听妈妈唱歌。慢慢地，音乐的种子在他的心里生根发芽。那时候，还有一件让李玉刚高兴的事儿，就是每逢过年可以去邻居家看一次电视春节联欢晚会，那是他年少时最奢侈的记忆了，晚会上，艺术家们的歌声犹若天籁，电视机前的他如醉如痴。

直到若干年之后，李玉刚连续两届被邀请登上央视春节联欢晚会的舞台，聚光灯下，他感觉如梦似幻，这曾是一个东北乡下孩子内心遥不可及的梦，这曾是一个历经苦难的青年眼中一段不可言说的疼痛。

苦难是成长中最沉重的礼物。18 岁那年，李玉刚考取了吉林艺术学院。但也就是在那一年，姐姐要参加工作，而哥哥也要结婚，家庭的生活压力更加沉重。他记得那时电视台正在热播刘晓庆版的《武则天》。当片头曲《自有人评说》唱起，父亲听着里面的歌词"且莫说人之初，是善是恶是善还是恶，有谁落地笑呵呵。别说人难做别说人好做，好做难做好做难做都得做……"，眼神中流露出无限的忧郁。年少的李玉刚心中热血涌动，他毅然做了一个决定，出去闯社会，减轻父母的负担，让他们过上好日子。

依稀记得 18 岁那年他披着田野里的星光，向着灯火摇曳的远方，一个人背井离乡，去追寻扑朔迷离的未来。那时候他对长春唯一的记忆是儿童医院对面的铁板房。铁板房里面有一些小吃部，他曾经替哥哥在那里打过工，那时候他的愿望是能够继续在小吃部打工。但是故地重游，物是人非，这里已经拆迁重建了，于是他成了流浪的行者，睡医院，睡地下室，在餐厅当服务员，尝尽世间冷暖。

涉世之初，无一技之长，李玉刚仿佛是这个世界的弃儿。生活的暴风骤雨让他苦不堪言，失望乃至绝望，唯一支撑他走下去的动力，就是要让父母生活得好一点。他把挣到的第一笔属于自己的几百块钱全部寄给了父母，因为那代表着希望。交谈中，李玉刚谦虚地说道："其实我吃过的苦，如果跟那些老艺术家们相比，并不算什么……"但我们都知道，在那个年代从偏远农村走向社会，走向璀璨华美的舞台，这其中的辛酸，可想而知。

李玉刚从一个最底层的餐厅服务员做起。有时候他自己也不禁会想，能够变成今天这样的一个角色，人生有的时候真是匪夷所思。音乐，从来都是他心里的一个梦。那时候夜深人静，他也常常问自己，是不是这个梦离自己越来越远？他不敢去想。

没有一颗心会因为追求梦想而受伤。阳光透过层层迷雾的缝隙照进他的梦想。汉斯啤酒城大厅中央有一个舞台，舞台其实很小，贴着的红地毯也已经被蹭得发黑了，但是那舞台、那红地毯，在他心中发光，特别亮。音乐响起的一刹那，也燃起了他对于唱歌的梦想。

他悄悄告诉自己说："我也会唱歌呀，我应该在台上，而不是在台下。"于是，他开始从餐厅的服务员尝试转为歌手。他有时候怀疑这不是自己的规划，而是命运的安排。一晃三年，李玉刚通过自己的努力，站到了舞台上，虽然只是给别人暖场的。讲到这里,他眼中平淡无波地解释道:"我是属于最末等的，从来没有拿到过小费的那种演员。其实那会儿都要坚持不下去了，就想着再坚持一下，实在不行，就去学个美发，回家开个小店。"

生命就是这样难以预料，有时为你关上了一道门，却又为你开了一扇窗。一次演出，李玉刚本是要和一个女歌手合唱歌曲《为了谁》，可是女歌手没有来，时间也快到了，大家都心急如焚，李玉刚大胆向老板建议自己来模仿女声，老板虽然犹豫，也还是答应了。李玉刚就自己一个人，切换自如完成了男声和女声的演唱，一时间现场的气氛嗨到了爆棚。

"灯亮之后，满堂喝彩，我就开始了人生的另外一段旅程。"李玉刚告诉我们，那一晚他第一次收到小费，"六百块！原来唱女声，会有这么大的价值，我当天一夜都没有睡着。"而后，他成了老板口中的"百变歌王"，成了当地歌厅的当红歌星。李玉刚坦言，自己并没有那么喜欢扮女装，"刚开始我骨子里是非常拒绝的，但为了生存。"

极致的美，必经无限超越

回首曾经，细说过往，男扮女装并不是他的荣耀，反而给李玉刚原本艰难的生活带来了很多麻烦。回想起那段漂泊的岁月，李玉刚嬉笑着说自己还曾很多次进出过派出所。"比如我在长春演出一段时间，就找个小区租个房子，天天晚上化好妆出门演出，然后半夜回去。有一天公安来敲门，说有人举报这个房间进去个男的，出来个女的。"

如今叫人莞尔的，曾经也深深困扰过李玉刚。当时为了谋生，他在全国各地走穴，饱受颠沛流离之苦。言语上的攻击其实比肉体上的伤痛更痛。有人讥讽他："你一个男人，好端端的男的不做，为什么去男扮女装？"李玉刚不敢跟别人争辩，有时候他也想理论几句，但最后都选择了沉默。渐渐地，他身上所有的棱角都被磨没了。李玉刚恳切地说："是这份工作，让我每个月可以给我妈妈寄钱。虽然我也很多次问过自己，这是我一生该走的路吗？但无论如何，我要先努力走走看。"

"没有胜利可言，挺着意味一切！"这是李玉刚的座右铭。

那个过程很痛苦，但是痛苦的过程也磨炼了自己的心性。一个地地道道的东北汉子，穿上华美的服装，浓妆淡抹之后竟能变身妖娆，尤其柔美高亢的音色，是很多女性都无法演绎的。1999年5月，在庞龙的介绍下，李玉刚正式拜梅派艺术传人马洪才为师，学习梅派艺术。梅派艺术光兰花指就有100多种，一个扭身的动作，就需要眼到手到身到，拜师后李玉刚才真正开始学习这些，开启了在舞台上惟妙惟肖地去扮演女性的表演旅程。学习化妆，学习舞蹈，学习京剧，学习戏曲，形成了他早期舞台形象的雏形。李玉刚非常感谢恩师马洪才。

那个阶段的李玉刚是矛盾的、混沌的，甚至是"尴尬"的，但他又是坦然并且执着的。面对嘲讽、诋毁甚至攻击，李玉刚开始学会微笑面对，然后更加努力。他每天起床后雷打不动的第一件事是练声，坚持不懈；他全国四处跑演出，每到一个地方先打探当地最好的声乐、舞蹈老师，然后想尽办法上门求教；他对着镜子一遍遍练习化妆，眼线眼影睫毛，不够好，洗掉了重来，再重来；他听说梅兰芳先生看鸽子练眼神，便也模仿，近近远远地看，渐渐掌握了眼神变化的虚实；他逛面料市场，学习染色，找参考资料，花几个月时间做一套演出服……李玉刚说："其实，那会儿并不知道能走多远。就是在我心中，一直有一团火。我要做一朵迎风盛开的花，我要走自己的一条路，跌跌撞撞也要走下去。"

从个体而言，李玉刚并没有把质疑当成是他一生当中所面临的最大的一个难题。因为在他看来，当自己是一个不起眼的歌手时，他可以承受很多的指指点点，甚至可以承受别人侮辱性的词语。因为那个时候他独自承受就好了，没有家人在旁边，也没有亲戚，没有朋友，没有同学，所以他就是社会上的一个隐形的人，什么都无所谓。他曾经告诉自己，他的事业连同男扮女装的这段过往，是一生当中永远都不要跟别人提起的一段，不会和家人父母兄弟姐妹同学朋友父老乡亲提起这件事情，这是他的一个秘密，他也告诉自己，他会把这个秘密带到自己生命的结束。

但是人生就是这样，往往你越是隐忍着做一件事情的时候，你的生命当中却有一些让你意想不到的转机。2006 年，《星光大道》节目组本想请一位反串演员参加录制，却阴差阳错地把电话打给了李玉刚。很多年之后，他说："很感激《星光大道》

的这个电话，因为它改变了我的命运；也很感激自己，因为我抓住了这次机会。"参加《星光大道》，是李玉刚第一次在公众面前亮相。因此，他彩排时非常认真，对细节的把控也到了近乎偏执的地步。最终，他在舞台上将女人的柔美表现得淋漓尽致，并用切换自如的男女声演唱折服了现场所有的观众和评委。那一年，李玉刚荣获了《星光大道》的年度季军，曾经的质疑被大家渐渐地接受和认识。

2012年李玉刚参加了央视的春晚，他的代表作《新贵妃醉酒》在春晚的舞台上一炮而红，为他在乐坛上争得了一席之地。成名之后，李玉刚是惶恐的，有人喜欢他，有人却觉得他是在破坏传统艺术。但是李玉刚没有被难倒，随着《镜花水月》《刚好遇见你》《莲花》等作品的呈现，李玉刚已经形成了自己的艺术风格，也给观众带来了纯粹的音乐。

有人说李玉刚是当今表演艺术界的奇才，也是一个非常具有创新意识和探索精神的表演艺术家。他打通了流行音乐平民化的通俗性、传统戏曲的包容性、民族艺术的独特性、歌剧艺术的故事性和高雅性，创造出了一种全新的舞台表演艺术，甚至很有可能被历史记载。对于新时代的这种表演形式，他认为很多人还是戴着有色眼镜来看待。李玉刚觉得，虽然男旦艺术历史悠久，也曾在戏曲历史上达到了艺术的高峰，但在新时代，更需要有人用现代的审美和手法进行呈现与创新。

他用时间去证明，他是努力的，他是认真的，他是为艺术可以付出生命的，他可以做出很多别人做不到的表达和表现。在2010年开始筹备《四美图》，他几乎花了一年多的时间，把

"沉鱼、落雁、闭月、羞花"的所有相关资料都看了一遍，包括分析、借鉴专家学者的不同观点，然后考虑"如何更好地来诠释她们"。因为他一直读庄子，"天地有大美而不言，四时有明法而不议，万物有成理而不说。圣人者，原天地之美而达万物之理。"这几句话使他一直在想："大美"究竟是什么？他心中的大美是什么？他一定要找一个依托。"大美"就从"四美"开始，因为"四美"的故事脍炙人口，他就开始从"沉鱼、落雁、闭月、羞花"开始，才有了 2011 年他在国家大剧院首演的《四美图》，当时非常轰动。自《四美图》之后，他属于特殊人才，被文化和旅游部批准，进入了中国歌剧舞剧院。人生中很多事情并没有那么圆满，但梦想总会在未来的某一天如愿以偿。

繁盛的花，必以家国为根脉

"陌上人如玉，公子世无双。"他经常一身儒雅长衫出镜，有人称之为"玉先生"。李玉刚非常钟爱中国传统艺术，近十年来一直致力于中国传统文化的当代表达，曾经被授予"中法文化推广大使"的称号，一直在向世界展现中华民族、传统艺术。他的作品比如《逐梦令》《清明上河图》《水墨丹青》等，都和中国传统文化相结合。

李玉刚讲道："作为一个中国人，中国的传统文化是我们的根，我们被外来文化侵蚀得太厉害了。这种文化包括各个层面，如节日、建筑等等。有些人甚至过最大的节日不是春节，也不是中秋，而是圣诞节。现在提出恢复中国的传统节日，清明节、端午节、中秋节、重阳节等等，我感觉这就是文化自信。在国家没有提出之前，我自己内心当中对于这些传统的节日也是情有独钟的。它们是我内心当中的一个归宿。'春雨惊春清谷天，夏满芒夏暑相连，秋处露秋寒霜降，冬雪雪冬小大寒。'中国的文化多么有趣丰富，但可惜有时候人们不去追求这些，人们都追求万圣节，追求圣诞节，追求情人节。那个时候我感觉这是一种悲哀。不过还好迎来了一个新时代的来临，迎来了传统文化的全面回归，我认为回来的才是中国的，才是属于我们自己的。"李玉刚关注舞台，更关注舞台背后的中华传统文化，这是他内心深处赖以生存的基础，也是我们引以为傲的历史，也是我们文化自信的重要部分。

第一次去巴黎演出的时候，他穿着长衫，走在巴黎街头，他认为他这样穿着最好看。他去问卢浮宫里面的工作人员，这样好看吗，工作人员予以了肯定的答复。这种对文化的自信正是在对外交流日趋频繁的今天，中国人最需要的一种自信。中国文化古老而悠久，但在整个世界的文化洪流中，并不具备应有的影响，这些年李玉刚经常在国外演出，也一直在为传播中国文化而努力。

2009年，《盛世霓裳》演唱会在悉尼歌剧院举行，并获悉尼市政府颁发的"南十字星"文化金奖；2010年《镜花水月》演唱会全球巡演11场，场场爆满，随后全球巡演、全国巡演交替上演……

李玉刚的梦想很大："民族的就是世界的，对于艺术，我一直在路上，希望我的脚印能遍布世界各地，把中华优秀传统文化发扬光大。我想把我所理解的传统艺术带向全球！"

2017年4月，李玉刚十年经典全球巡演洛杉矶站，在百年历史的大剧院 Pasadena（帕萨迪纳）连开两场，震动了美国。中国驻洛杉矶总领馆总领事刘健认为，李玉刚独特的东方艺术很有利于打开中美文化交流的大门，称得上是真正的"文化使者"。2019年4月，李玉刚出席了在比利时、丹麦、荷兰举办的"吉林文化旅游周"活动。他的每场演出都深受当地外国朋友的欢迎，每次散场后观众都纷纷涌上舞台，跟他合影留念。

在荷兰，观众评价他："李玉刚在舞台上一丝不苟，表现出对艺术的谦逊与敬重，对观众的感激和敬意。这是一位全身透着友好、纯真和可爱的人。"

"有一种离别最奢侈，叫出塞；有一种思乡最深沉，叫家国。"这是李玉刚在《昭君出塞》创作之初写下的一句话。从2009年第一部舞台剧《镜花水月》开始，他一直在舞台剧的领域深耕。他对舞台是无比痴迷的，刚刚完成的《昭君出塞》，也是他对于舞台艺术的再一次致敬。暌违六年，全新改版的《昭君出塞》完全颠覆华丽神秘的魔幻路线，转而以一种浓厚的东方古韵之美再次征服观众，从文化、舞美、剧情、人物等全方位打造"和"者王昭君，唯美婉约令人流连忘返。《昭君出塞》不仅是一部歌舞剧，它承载着和平友谊的文化意义，并将这份寓意带到世界舞台。

作为"一带一路"峰会期间的重点演出项目，《昭君出塞》将昭君远嫁塞北为汉匈两族带来繁荣和平的历史传奇再次演绎于华丽舞台。展现的不只是演出场面的唯美恢宏，还有昭君背后蕴藏的深厚的文化底蕴与家国情怀。丝绸之路绵延万里，使者相望于道，"昭君"成为丝路上的一位美丽使者。如今，李玉刚化身当代使者，发扬丝路精神，为"一带一路"奉献着美丽的中国故事。

作为从黑土地上走出去的艺术家，李玉刚对家乡饱含着深情的眷恋。在他的眼中，东北的这片黑土地是一个充满神奇梦幻的地方，人杰地灵，风景如画。这片沃土培养了很多优秀的艺术家，艺术氛围也愈加浓厚。他期待未来吉林能够出现更多的年轻人活跃在艺术领域，他们能够有自己的一方舞台，百花齐放，百家争鸣，为吉林省争光。

李玉刚坦言，"对于家乡的文艺建设方面，我想讲的就是大家如何能够有使命感，这件事情很重要。你有了使命感之后，就会感觉，我做艺术不仅是给自己做，也是为故乡而做。有了使命感，这件事情就会无限地被放大，使命的力量是无穷的。其实我们家乡也有很多的流行乐歌手，我希望无论在流行领域，还是在民族声乐，或者说在整个影视的领域，大家只要拥有使命感，就会同呼吸共命运，否则就都仅仅是一个个体。我也希望未来所有的吉林人，大家团结起来，家乡的文艺事业才会蓬勃发展，欣欣向荣。"

瞻彼淇奥，绿竹猗猗。

有匪君子，如切如磋，如琢如磨。

瑟兮僩兮，赫兮咺兮。

有匪君子，终不可谖兮。

——《诗经·国风》

　　舞台上的李玉刚,他的歌声和身姿,仿佛空寂里的灿烂莲花,掠水凌风穿越千年而来的精灵,为我们演绎着惊世之美。舞台下的李玉刚,依然是绝世独立,即便是恢复了温文尔雅如玉书生模样。川流而逝的时光形影中,他一如既往,深怀感恩的心,为传播中国传统文化不知疲倦四方奔走,为弘扬文化自信践行他的使命担当。正如在李玉刚自传《反串人生》中说的一句话,"我曾经历过无数磨难,这些磨难都是我成长的丰碑。"那么感性的思想,那么柔软的内心,那么善良的品性!

人物简介

　　李玉刚,男,出生于吉林省公主岭市,曾获得 2006 年中央电视台《星光大道》年度季军并被大家所熟识,现为中国歌剧舞剧院国家一级演员。其表演风格个性鲜明、唯美时尚,将民歌、舞蹈、戏剧等艺术有机地融为一体,唱腔高亢嘹亮、甜美悠扬，他将传统戏曲艺术辅以当代时尚包装，以独特的男性视角，完美诠释女性舞台艺术，给观众以强烈的视觉、听觉冲击。代表音乐作品有《新贵妃醉酒》《镜花水月》《莲花》《刚好遇见你》等。其先后举办了《凡花无界》《芳华绝代》《盛世霓裳》《李玉刚和他的朋友们》《李玉刚十年经典》等主题演唱会，足迹遍布国内外。出道十余年来，李玉刚在流行音乐、戏曲、舞台剧、舞剧等多种艺术领域都有所探索和创新，特别是在传统文化的创新表达与对外文化交流领域都取得了斐然的成就。

作为中国传统文化传承与创新的标志性人物，李玉刚屡次获邀走出国门，向异国观众呈现东方艺术之美。曾先后在澳大利亚悉尼歌剧院举办《盛世霓裳》演唱会；在日本东京艺术剧院出演《镜花水月》；在奥地利维也纳皇宫"中奥两国建交 40 周年音乐会"担纲主演。其着力打造的诗意舞台剧《昭君出塞》作为第 19 届"相约北京"艺术节获邀作品，在观众中反响强烈。曾荣获"亚洲杰出艺术家"奖、"南十字星"文化金奖等国际殊荣。

在探索传统文化传承与创新的过程中，李玉刚不仅仅将视角停留在舞台戏剧和表演的层面，对中国传统文化其他领域知识的研习也成为他不断完善自己艺术创作的知识铺垫，先后出版了《生活日志》《玉见之美》《野草花开》，用富有禅意的优美文字讲述着自己的艺术过往与美学感悟。

郎琦：家国定格光与影，岁月留痕写传奇

　　2019 年 6 月 29 日，由吉林省委"不忘初心、牢记使命"主题教育领导小组办公室、吉林省文联主办的"坚守初心使命、庆祖国 70 华诞——岁月留痕郎琦摄影作品展"揭幕。郎琦是吉林省摄影家协会终身荣誉主席，是党在东北培养的最早的一批红色摄影师之一。他的作品多次参加国内外影展并获奖，被中国摄影家协会、中国艺术摄影家协会分别评为突出贡献摄影工作者和"金路奖"终身成就奖等奖项。

动荡岁月，初涉光影遂为使命

　　吉林省安图县，长白山脚下一个很偏僻的小镇，站在城东头喊一声，城西头便能听见，这就是郎琦的家乡。父亲郎文焕原在张作霖的部队担任连长，到了伪满时期由于部队改编，郎文焕便离开军队。在那个动荡的年代，民不聊生，每个家庭都有各自的不幸。由于父亲的退伍，全家人的生活只靠微薄的积

蓄已经难以维持，郎琦和弟弟只念了六年伪满小学便远离家乡到外学徒，以谋生计。

经父亲朋友介绍，郎琦辗转来到延吉的一家兴隆照相馆学摄影，弟弟则到一家钟表铺去学修表。在初涉摄影的学徒阶段，要负责冲洗照片、送照片，还有一些其他的杂事。对那个照相馆的印象，郎琦老先生现在回忆说很是简陋，有些家徒四壁的感觉，一个照相机，一个木质暗盒。在那里，郎琦学会了修照片。那时所谓的修照片，不同于现在的电脑修片，就是用一个带窟窿的木头板，下面放一盏灯，把底片的玻璃片放在木头板上看，哪有毛病就用笔修。这种修底片的方式非常累眼睛，以至于现在郎琦先生眼睛的状况一直很差。

转眼过了四年艰苦的学徒生活，郎琦和弟弟回到了家乡。苦难没有停止，生活又给了他们致命的一击，父亲、母亲得了急病在一个月内相继去世。无父何怙？无母何恃？只剩下他和弟弟相依为命，"房无一间，地无一垄"，他们的生活变得更加艰难。

1946 年，郎琦带着爱人和弟弟一起加入了中国共产党的队伍——杨靖宇支队。为什么这支队伍叫杨靖宇支队呢？因为当地人并不完全知道共产党，但都知道抗联英雄杨靖宇和李红光，于是就借用了他们的名字成立了杨靖宇支队和李红光支队。1946 年 3 月，郎琦随杨靖宇支队到了通化，在司令部当文化教员，主要是协助指导员管理"五大员"——司号员、警卫员、炊事员、通信员、饲养员，还参与了通化地区的红土崖土地改革，搞"二五减租"。1948 年，东北民主联军（后来并入第四野战军）

分成了很多纵队，郎琦当时是在十纵队，而弟弟则是在三纵队。在此期间，郎琦接到部队命令，被选派到哈尔滨学习摄影，这个摄影训练班是由东北军区委托东北画报社办的，学习的时间虽然只有短短的 4 个月，但对他此后的摄影生涯却产生了尤为深远的影响。"摄影要表现啥？歌颂革命的先进，暴露敌人的罪恶。"老师们的这句话，牢牢根植于郎琦心中。

1948 年 8 月，郎琦学习结束后直接返回原来的部队，也就是后来的第 47 军 141 师，正式成为了一名随军记者。当时部队给郎琦配了一部苏联的卓尔基相机，由于买不到胶卷，需要用电影胶片自己做胶卷。郎琦就是用这部"卓尔基"拍摄了辽西战役——东北最后一次战役，在大虎山和黑山的阻击战，还用它拍了东北全境解放，部队入关的照片。郎琦的代表作之一——《中国人民解放军入北平仪式》，也是用这部相机拍摄完成的。同一年，郎琦的女儿郎慧出生，而郎琦的爱人也因为身体的原因，在解放战争刚开始的时候便离开了部队。

古都拂晓，镜头下的北平入城式

1949 年 2 月 3 日，胜利雄师开进北平。郎琦作为中国人民解放军第四野战军派出的三名随军记者之一，负责拍摄北平入城式，见证这一伟大的历史时刻。

清晨，北平人民挤满街头，迎接人民解放军的入城式。在北平人民记忆中，1949 年的 2 月 3 日是个红火的日子。在郎琦老先生的记忆里，也是他作为随军记者生涯中最为辉煌的一个定格。

几位摄影记者坐着大卡车从西直门进入北平，那时候有一个"部队交换城防"，在西直门的国民党军队一个排在那站岗，交接给解放军部队的一个排。现在想来，郎琦感到深深的遗憾，那时候没有望远镜头，事先也并不了解具体情况，郎琦归咎于自己当时太年轻，就那么几分钟，在历史上没有留下这样珍贵的照片，而与摄影记者同行的拍纪录电影的程默则拍到了这段影像。到了入城式那天，郎琦被准许到主席台进行拍摄，留下了很多珍贵的照片，包括林彪、罗荣桓、聂荣臻等人的影像。

照片拍完后郎琦跟随《人民日报》编辑蔡若虹去人民日报社冲洗照片。那天的报纸版面是蔡若虹设计的，文字是当时华北分社主任李庄（原《人民日报》总编辑）编写的。蔡若虹后来是中国美术家协会党组书记，还给郎琦寄过一张照片，背后写着："郎琦同志，我永远记得你！"那天见报的《人民日报》上一共刊登了15张照片，有13张是由郎琦拍摄的，在那个革故鼎新的关键时刻，重要的历史人物和场景都被他真实地定格在画面中。

正是因为在《人民日报》上看到了北平入城式的照片，郎琦的弟弟才知道哥哥还活着，这让已经失联许久的兄弟二人得以相见，但谁也想不到，这竟是两个人的最后一面，分开后弟弟的部队马上就南下了。郎琦还记得当时弟弟穿着缴获的国民党军服，自己则刚刚换上新军装，俩人就这样匆匆一面，20分钟都不到，这一别，竟是天人两隔。如今谈起这些，郎琦老先生仍然满眼泪光。

后来郎琦找到陶天冶（郎琦在东北画报摄影训练班同学），他和弟弟在一个师，希望从他那里得到有关弟弟的更多情况。而后辗转从弟弟原来的部队了解到，弟弟是 359 团 2 连的政治指导员，于 1951 年 2 月 15 日在朝鲜砥平里第四次战役牺牲。

万里赴戎机，关山度若飞。郎琦细数着弟弟的人生经历，弟弟 17 岁从军，年仅 23 岁就牺牲了。他从零下三十摄氏度的东北，凭着自己的双脚，一路打到零上三十摄氏度的海南，1950 年 5 月解放海南岛。当年 9 月，部队就把他们调回到丹东。弟弟是 1950 年 10 月离开祖国的，当时还穿着朝鲜人民军的军服。回想起这些，郎琦感到很难过，但也为弟弟感到自豪。他记得弟弟入朝时穿的衣服是带红线的，以至于他一段时间看见带红线的衣服就受不了刺激，痛苦不能自抑。后来郎琦自己赴朝鲜的时候，每到一个战地医院，就到附近的墓地，一个墓碑一个墓碑地看，希望能找到自己弟弟的墓。然而唯有夕阳西下，轻柔地覆盖了他沉重的步履和悲伤。

两次赴朝，硝烟里的光影

1951 年 4 月，郎琦作为 47 军 141 师随军记者入朝作战，开启了两次赴朝的经历。在朝鲜战场上，郎琦的相机从最初的"卓尔基"换成了后来的苏联基辅相机，那是一种折叠式、带皮腔的相机，很笨重。到了朝鲜战争时期，拍照的条件仍然很差，手里只有一台相机，依然没有望远镜头。不过比过去强的是，那时已经有胶卷用了，不用再自己动手卷胶卷。然而在战争年代，冲洗照片的条件更加艰苦，没有显影罐，也没有暗房，只有一个黑口袋。郎琦随军住在老乡家里，把窗户一挡，要来三个大碗，装显影液、定影液和水，把胶卷拿出来，再用手固定好。照片冲洗出来以后，放出一张张的小照片，就开始办展览。这些照片，主要是用来在部队进行宣传。那时候郎琦拍摄了很多反映部队生活的照片，那些照片带着浓浓的火药味，以军人的无畏和战争的残酷直逼人心。

1951年5月，郎琦在朝鲜新幕因车祸负伤。当时朝鲜的公路路况很不好，山区里都是沙石路。晚上遇到飞机空袭，行驶的车灯就要关闭，摸黑在山路上行驶，交通事故造成的死伤状况频发。当时郎琦乘坐的车关闭车灯突然翻到山沟里，车里的人都腾空飞了出去，郎琦的肩膀受了重伤。那时候伤员负伤后要先到兵站，再往后方医院转移。因为他们乘坐的吉普车消音器坏了，汽车马达声淹没了敌机来的警报声，一路上危机不断，险象环生。郎琦和受伤的战友们被送到10公里以外的西浦战地医院，然后大家再从这个战地医院分批转移回国。当时情况非常紧急，上级规定能行走的战士当天晚上都去车站，不能走的先暂时留下。当时郎琦同行的战友苗景阳腿断了，走不了路，郎琦便把苗景阳用车子推到车站，再用担架送上船，一起过了清川江。这时候，郎琦是伤病员第九队大队长。过江以后，伤员乘坐当晚的火车离开，但半夜开到定州的时候遇到一列往前线送兵的军车，火车停下来的时候，敌机便来了。大伙儿刚要下车，便听到郎琦预警高喊："先别下，谁也别下！"后来，机关炮响了，照明弹下来了。郎琦觉得时机到了才让全体伤员快速下车。当时车上有一个团级干部带着警卫员没有下车，等大家返回车上的时候发现他们已经牺牲了。

经过一阵阵飞机的疯狂扫射后，天渐渐亮了，郎琦带着伤员返回被轰炸后还在呲呲冒烟的火车继续赶往回国的路。临行前，郎琦发现地下有不少牺牲同志的遗体，于是对战友们说："九大队的同志们，这都是咱们的战友，把他们抬到车上，带回去吧！"几番周折，他们终于回到了祖国丹东的接待站。当时，郎琦的爱人已经调到吉林市的医院工作，于是郎琦便要求回到吉林。郎琦回国就医的医院叫吉林市十二陆军医院，当时叫东大营医院。条件简陋，一个病房里住着好几十个人，但医护人员对军人百般照顾。

1951年末，郎琦的手术刚刚恢复便再次返回到朝鲜战场。同年11月27日，《人民日报》刊登了署名"人民志愿军摄影记者郎琦摄"的照片《美国空中强盗的下场》，就是他二次返回战场拍摄的。那天晚上，大部队行军，大家坐在政治部文化处的嘎斯卡车上。天上有月亮，郎琦还在想："今儿晚上真好啊！"这只是暴风雨前的宁静，没多久飞机便扔下炸弹，疯狂扫射。部队的前车被打中了，郎琦从车上纵身一跃跳下去。因为当晚无法行军，郎琦只好随部队找到当地民宅住下。但当时朝鲜老百姓家的炕上已经挤满了人，郎琦只好到外面找一个角落，划拉些苞米叶子垫在头下当枕头，半夜几次被冻醒。

"西风烈，长空雁叫霜晨月"。郎琦后来对毛泽东诗词"残阳如血""马蹄声碎"体会很深刻。太阳一落，郎琦和战友们很想家。尤其在冬天行军的时候，人家屋里透出的灯光，都让郎琦觉得分外温暖，而自己往往还不知道当晚要住在哪里。尤其是暮色添人愁，每到傍晚的时候，尤为愁煞人。

1953年停战协议签署以后，郎琦由于当时身患疟疾，时热时冷，部队领导批准他回国接受治疗。1953年8月5日，郎琦来到哈尔滨一面坡的第二十九陆军医院治病。战争虽然结束了，但郎琦身上的创痛却伴随一生。他的肩伤留下了严重的后遗症，现在穿衣服不能穿露肩膀的背心，因为里面的骨头会翘起来，穿背心就会刮到。那时条件艰苦，肩膀的手术是用不锈钢钢丝，把肩部的骨头缠起来的。现在其实应当把这个钢丝拿出来，但郎琦不愿意再做手术了，就一直这样凑合着。如今郎琦受伤的胳膊是短一截的，穿衣服袖子也短一块。回国后，医院给郎琦开了"三级甲等残废军人"证明，随后便转业回到了家乡。

1955年，郎琦回国之后又有了儿子郎平。说起儿子的名字，郎琦觉得，经历过解放战争和抗美援朝两次战争，让人深深体会到战争带来的痛苦，他希望世界永远和平。郎琦总觉得自己对老伴很愧疚。参加革命这么多年，把老伴扔到后方，前几年老伴活着的时候还念叨说："郎琦啊，战争年代你把我扔到后方，老了你还经常把我扔到家里自己去拍照片。"

情系长白，火热雪亮的乡土情怀

1953年12月，从部队转业后，郎琦被分配到吉林省总工会的吉林工人画报社。1958年，郎琦参与创办吉林画报社。在吉林画报社工作期间，郎琦的创作主要围绕吉林省的社会建设，以报道先进人物，先进事迹为主。其中，作品《六十年代第一春》最早发表于《吉林画报》（1960年4月号），原题为《适时早种夺取丰收》。后来入选1960年9月举办的东北三省摄影艺术展，《人民日报》于1960年12月12日将其作为此次展览代表性作品刊登。

1973年，全国各地都在办五七干校，郎琦被图片社安排到吉林省开办的五七干校参加学习。郎琦是残疾军人，本可以不去五七干校，但他还是坚持要参加。宋振庭同志当时是五七干校的主管领导，他对郎琦说："你愿意照相的话，来校部吧。"但郎琦不想搞特殊化，就这样一边劳动，一边拍照……《田间学习》《田间读报》这些反映五七干校生产生活的作品就是在那个时期拍摄的。

离休后的这些年，郎琦将自己的主要精力倾注到了对长白山的拍摄。他第一次登上长白山，是在1959年，当时拍摄的作品《沸腾的长白山》刊登在《吉林画报》（1959年第1期）上，算是最早拍摄的长白山主题作品。据郎琦自己考察：清朝时安图县的刘建封是第一个拍摄长白山的，而新中国成立后郎琦是第一个拍长白山的。他一直觉得，拍摄长白山，宣传长白山，归根到底，是对家乡的热爱与责任感。最初拍摄长白山的时候，山上没有地方住，郎琦便经常和搞冰雪训练的运动员们同吃同住。郎琦记得，那时候山上的雪很深，经常要走几十里，也就是从那时候郎琦开始了长白山的拍摄之旅。

1980年，郎琦在长白山拍摄的《秋》在第32届新加坡国际摄影展览会获得美国摄影学会颁发的金牌奖。提到这个国际大奖，很多人以为那是一幅风光照片，但实际上是郎琦拍摄的一组长白山水文站的专题照片《水文尖兵》中的一幅。在这幅《秋》的作品中，有两个人背包上山，他们是水文员，在长白山地区到处巡回。为什么要拍两个人背着包向上走呢？主要是想体现一种克服困难、勇往直前的向上精神。在这张照片里，环境烘托了主题。"秋"这个标题给人以无限的遐想，郎琦觉得一张照片能写出一篇文章，才是好照片。拍摄《秋》的时候，将背景选择为岳桦也是因为觉得岳桦树很顽强，它可以长到石头上。长白山山高风大，把岳桦吹倒，但它仍然能够倔强地顺势而生……杜鹃也可以迎风傲雪，不屈不挠，郎琦力图通过这些植物来反映人物的性格，环境和人物互相烘托，相得益彰。后来，《人民日报》为此发表文章《勇攀世界摄影高峰》，意味着中国年轻的摄影艺术从此走向世界。

提到航拍，现在我们会想到无人机等新技术手段实现拍摄目的，但在过去，高空拍摄是十分困难的事，对摄影人更是一种挑战。1980 年，郎琦的作品《飞机灭虫》（原来叫《林海银鹰》）获得"绿色宝库"摄影艺术展一等奖。这幅照片是 1979 年在老爷岭附近拍的。当时郎琦和同事一起去拍森林防护、飞机洒药的照片。但是拍飞机直来直去的飞行没有新意。经过反复观察，郎琦发现飞机从两座小山中间飞出来的画面很好。但那个年代找不到第二架飞机，无法用飞机辅助航拍，而且也很难找到比飞机更高的点来拍摄。于是郎琦翻越了几座山，最后终于找到了一个山头，和机组人员约定飞行时间，飞机一转弯，就拍到了。

真正实现航拍的想法，是在拍摄《云涌长白》这部作品中形成的，这部作品还被美学界称为有"独特的崇高美感和神奇境界"，达到难以企及的美学高峰。1985年，中央民委要出一系列少数民族画册，当时郎琦是这套丛书的编委，也是吉林省卷的主编，为了完成好这项任务，郎琦萌生了航拍长白山的想法。但因为长白山地处国境线，10公里之内不许飞机起降，于是郎琦通过省政府分别给外交部和总参打报告，申请在最适宜拍摄的10月份拍一个月。现在回想起来，有很多佳作皆为偶得，《云涌天池》就是其中之一。第一次拍摄是在10月16日，直升机从敦化起飞，人坐在机舱门旁边，当时没有安全带，用绳子绑着，郎琦拿着哈苏相机拍了几十张。10月30日，原本觉得拍得不错的郎琦想再拍一次，刚好当时哈尔滨的林业部门也想航拍长白山，但苦于没有许可，拍不了。于是郎琦便说："你们出飞机，我出证明。"那天早上，天气晴朗，但起飞前出了个小麻烦，原沈阳军区不同意飞。经过一番争取，飞机到9点多才起飞。没想到，飞到天上一看，云起来了，拍出来效果反而更好，成就了《云涌天池》这幅作品。

《秋》获奖之后，对长白山的宣传产生很大影响。起初郎琦是从旅游的角度认识长白山的，认为拍好它，能够推动吉林省旅游事业的发展。但是慢慢地，郎琦觉得好的风光摄影应该是爱国主义教材。虽然爱国是抽象的，但祖国山河是具体的。风光摄影，不应把它仅仅看成是游山玩水的纪念照。

1999年，郎琦胃癌手术，胃被切除了五分之四，郎琦的儿子郎平也去世了，人生陷入低谷。这时候，时任吉林省副省长的魏敏学找到郎琦，他说："郎琦同志，我们想出本长白山画册，请您支持。"郎琦说："宣传长白山，让中国人和全世界都知道，长白山是中国的，这有深远的政治意义。"从那时开始，80多岁的郎琦又重新拍摄长白山。由于胃切除五分之四以后每次只能少量进食，他经常兜里揣个娃哈哈奶，带两个鸡蛋，便上山拍摄了。

如今90多岁高龄的郎琦每天都会整理照片，总结自己的摄影生涯。郎琦觉得摄影会越来越受欢迎，一方面是因为摄影是形象记录的工具，它记录的是视觉形象，表现的是我们内心的东西。另一方面，它可以记录我们的历史，记录变化。现在生活节奏特别快，很多东西应该及时记下来。要拍出好照片必须要深入生活，将艺术和政治结合起来。

光影绘就史诗，图像讲述传奇。在战争时期，除了浴血奋战的军民，还有冲在战火前线的军事摄影记者，郎琦就是其中之一，他用相机定格硝烟弥漫的战场，画面背后记录鲜为人知的故事。

岁月虽然洗去了战火硝烟，但那段历史的光影早已凝固在人们心间。郎琦就像是一个记忆的戍守者，用摄影讲述家国历史和个人情怀，用摄影传达出奋发昂扬的精神和饱含生命观照的人生状态。苍龙日暮还行雨，老树春深更着花。临近百岁，光影一生，他所从事的摄影生涯，就是璀璨人生的最好注脚。

人物简介

郎琦，男，1927年出生于吉林珲春。我国著名摄影家，中国摄影家协会会员、中国艺术摄影家协会理事。1976年加入中国共产党，1946年参加中国人民解放军，1948年后任解放军摄影记者，1951年参加抗美援朝。回国后，历任吉林工人画报社摄影记者，吉林画报社摄影记者、副社长，中国摄影家协会第四届常务理事、吉林分会副主席，中国老年摄影学会理事。代表作品有《中国人民解放军入北平仪式》《踏雪送医》《秋》《巍峨的长白山》《云涌天池》等。

秦怡：有一种美丽，历久弥香

有一种美丽，能够笑傲岁月；有一种美丽，可以历久弥香。

她是《青春之歌》中慷慨就义的林红，她是《女篮五号》中隐忍善良的林洁，她是《铁道游击队》中热情勇敢的芳林嫂，她还是《林则徐》中刚健质朴的渔家姑娘……翻阅秦怡的故事，就如同翻阅一部中国电影发展史。

作为中国电影史上一位风华绝代的银幕红颜，秦怡的美丽，人所共誉。无论是抗战期间重庆舞台上的"四大名旦"，还是1949年后评选的"新中国22大电影明星"；无论是20世纪30—40年代沪上时尚刊物送给她"东方舞台上的英格丽·褒曼"之美名，还是周恩来曾赞美她是"中国最美丽的女性"，都足以使人着意联想到她艺术生涯的辉煌。

梅花香自苦寒来。上天赐予了美丽，也给了秦怡太多的磨难。早年即有"电影皇帝"之誉的丈夫金焰长年卧病在床，唯一的儿子金捷十多岁即罹患精神疾病，并且终身未愈……无穷岁月，饱经风雨，都未能毁灭她的高洁芬芳。无论辉煌还是落寞，甜蜜或者凄苦，命运赠予的一切，秦怡总能——直面笑纳，并用一颗平静豁达的心，成就了一份旷世之美。

在一个细雨霏霏、雾霭氤氲的午后，穿过上海曲折小弄，来到世纪影星秦怡的家。尽管已经 95 岁高龄，但她依旧肤白胜雪，温和高雅。在她娓娓的讲述中，一条跨越 70 余年流光溢彩的银屏之路，一段美丽与苦难交织的人生图景，起伏跌宕，徐徐展开。

角色之美：她曾被周总理赞美为"中国最美丽的女性"

从 1938 年进入中国电影制片厂担任话剧演员至今，秦怡出演过《女篮五号》《铁道游击队》《雷雨》等众多脍炙人口的影视剧、话剧中的重要角色，让我们追随她的脚步看一下那段最初的演艺之路。

秦怡出生于上海大户人家，在中华职业学校读中学的时候，抗日热潮在大江南北蓬勃兴起，特别是九一八事变之后，很多大学生汇聚到了上海。她因为读书比较多，有机会认识了很多进步大学生，受他们感染，秦怡的抗日热情很高，一心想着到前线去投身抗日，尽管确切地说有些事情她还不是很懂。

有一天，趁着家人不注意，秦怡和几个同学在早晨 5 点钟偷偷跑出去。当时她年纪最小，才 16 岁，一门心思想去参加抗日战争，去前线打仗。但因为她年龄太小，一起去的伙伴们不愿意带她，怕她这么小就早早地牺牲了。但秦怡从小就性格倔强，自己确定好的目标就要义无反顾地去追寻，于是一路跟着他们辗转到了武汉，后来历经千辛万苦来到了重庆。秦怡回忆，本来他们几位是想去延安参加革命的，结果因为都没怎么出过门，又逢兵荒马乱，于是阴差阳错地到了重庆。

在重庆，她被介绍到中国电影制片厂当实习演员，认识了导演应方卫，走上了话剧舞台，在表演领域实现了自己的抗日理想。现在想来，秦怡觉得那段生活是最苦难的岁月，也是最幸福的时光。日军飞机轰炸时他们就到防空洞躲一会儿，轰炸停止就抓紧时间排练。甚至在防空洞里，他们也给大家表演节目。艰苦的岁月把文艺工作者们的心紧紧联结在一起。就是在这样的情况下，他们成立了"中华剧艺社"，开始排演话剧，当时排的所有戏都是抗战题材的。那时候她经常到乐山、西昌等地方巡回演出，几乎天天都上台演戏。正是这样一段话剧演出的经历，为她后来几十年的电影表演打下了坚实的基础。使她学会把自己跟戏里的角色统一起来，做到真情投入、本色演出。

抗战胜利后，秦怡又回到上海，参与了上海电影厂的筹建工作，并就此开始从舞台转向银幕。此后的岁月，她一直没有离开上影。

周总理曾称赞秦怡为"中国最美丽的女性"，秦怡也曾说过"周总理是真正令她懂得演戏真谛的人"。秦怡表示，周总理对她塑造角色、艺术创作以及艺术观的形成产生了深远的影响。

秦怡第一次见到周总理时才19岁。一次去朋友家吃饭，席间有一位剑眉高耸，气质不凡的客人。那人问她是在工作还是在学习，她回答说："我在做实习演员，有时候在合唱团唱唱歌，没什么大作为，就是混混。"那人接着问她唱什么歌，她说："当然是抗战歌曲。"没想到，她一说抗战歌曲，对方马上提高了声音："那还混混啊，你想想，千千万万的人都在你们的歌声鼓舞下走上前线，这工作是多重要啊！"她听了认真琢磨，觉得很有道理。回家后她再仔细一想，是什么人能说出这样的话来呢？她就跑去问朋友，才知道原来他就是周恩来总理。从那时起，她开始深深理解了，做文艺工作不是"为活命"，而是"为理想"，这种理想需要内在强大的精神力量，而力量始终来自观众、来自人民。所以演员终身追求的理想应该是把自己从文艺中得到的一切感人的精神力量，通过自己的艺术作品传递给别人。

周总理对文艺工作是非常熟悉的，大家在文艺创作上遇到问题经常去请教他。周总理时常告诫他们，作为演员要注意体验生活，深入实践。1964 年，她拍《浪涛滚滚》的时候，总理来看样片，一见她就问："那个水坝有多高啊？"她在片中饰演一位水利工地的党委书记，事先查阅了很多资料，就回答说那个水坝是 53 米高。他听完又接着问："坡比系数是多少啊？你对流沙的问题是怎么解决的？你这个采石场怎么样啊？"她一一作了准确回答。周总理听了满意地说："嗯，你这个书记当得还可以。"周总理是非常幽默的，他就是通过这个来看看演员们是不是真正体验生活了，是不是真正深入实践了。这点对秦怡影响很大，她有时为了演好一个角色，要到工厂、农村体验一两年的生活，变成了真正的生产能手。在参演《女篮五号》的时候，光一个跑篮动作就在球场上反复练习了两个月。

在秦怡自编自演的电影《青海湖畔》中，她饰演了一位在环境恶劣的高原上一干就是 30 年的工程师梅欣怡。这样的坚守，与她本人对电影的热爱和执着有很多相通之处。以 90 多岁高龄进行剧本创作并担任主演，这个过程中充满着难以想象的艰辛。

秦怡讲述到，《青海湖畔》这个剧本的灵感来自她十几年前听到的一个真实的故事：1985 年，一位澳大利亚气象专家携夫人到青海省气象局帮助当地搞人工降雨的科研项目，专家夫人在去鸟岛的路上遭遇车祸，永远地留在了青藏高原上。当时，她就被这个故事深深打动了，当即产生了创作冲动，并为此专门去青海湖考察了半个月，走访和外国专家夫妇接触过的中国科学家，还了解了很多技术细节。因为种种原因，后来电影没拍成，但这个故事却在她的脑海里扎了根。

2013 年初，秦怡重新萌生了把这个故事搬上银幕的想法。经过讨论研究，把故事背景换成了修建青藏铁路，同时以一位女工程师梅欣怡作为女主角。创作剧本的过程很艰苦，有一天晚上，她一鼓作气写了 3800 字。她有时也怀疑自己，这件事能完成吗？但又坚信自己一定做得完——今天写不完，明天接着写，后天再接着写，只要有勇气，只要坚持下去，就一定能成功。有段时间，她心里也没底，这类题材的电影是否还有观众，她甚至想过放弃。但她又觉得，在当今这样一个鼓励创新的年代，任何一种新形式的电影都应该努力去尝试。尽管她年事已高，但创新永无止境。

在高原拍摄时，她开始没什么反应，一些年轻人的反应甚至比她都大，当时大家还很羡慕她越老越硬朗。可没想到，返回上海后第三天，高原之行对身体造成的影响慢慢显现，她的一条腿突然麻得不能动弹。时隔两年，直到今天也没完全恢复。她想自己已经 95 岁了，身体出现些问题也是自然规律。有什么事情还是做什么事情，只要做得动就去做。所以她照旧还是前后奔波，"只要我们还在，艺术事业就一定要做到底、走到底。"

岁月之美：她是施瓦辛格眼中"伟大的母亲"

银幕上，秦怡是傲立影坛的常青树，是无数演艺后辈的艺术标杆；生活中，作为一名妻子、母亲，她却经历了很多坎坷与磨难。面对婚姻和家庭的不幸，她却从未抱怨过命运对自己的不公。

秦怡向我们讲述了她豁达的人生观。"爱在生活里很重要，因为有了爱，很多痛苦都变得容易接受了，关键看你怎么去理解。有时想想我跟金焰，那是多么美好的开始。其实之前我没想到要结婚，因为我前面一段婚姻的苦头已经吃够了，而且我有很多工作，很忙。我觉得只要有爱情就好，我们两个人已经心心相印，结婚只是个形式，当然这个形式是让两个人有更多时间爱下去、走下去，但最重要的是彼此之间的感情。卿卿我我只是一时，我更愿意我们两个人的事业蒸蒸日上，能够对国家有所贡献。如果我们的事业是共同的、思想是共同的，有这样的基础，我们的感情就会更长久。后来在吴祖光的撮合下，我和金焰才在香港举行了婚礼，并由郭沫若证婚。"

秦怡不是那种很会做家务的家庭妇女,操持家务并非她的所长。而金焰是个特别能干、特别有才华、特别手巧的人,他会做菜、会做衣服、会开车,样样都擅长。他喜欢拉小提琴,而且自己就能动手做琴。秦怡说其实她很崇拜金焰。他们是一种偶然性的遇见,但也是必然性的结合。遗憾的是,后来她非常忙,经常在外面演戏,一年到头很少有时间陪他。金焰也是很热爱事业的人,秦怡曾经这样评价他的表演:"他是既塑造了人物,又完全不做作,既有演员的魅力,又有人格的魅力。"新中国成立以后,金焰本来打算大干一场,没想到才48岁就一病不起。他病得太早了。1962年手术以后,不能吃不能喝,他自己治疗自己,总算活到73岁。秦怡说,这段时间过得非常苦,中间还经历了"文革",不能看病、不能吃药,一年到头躺在床上,病越来越严重,年纪也越来越大,心情自然十分糟糕。而就在这一段时间里,她忙得疯了似的,一个戏接着一个戏地拍。让秦怡感到遗憾的是,在丈夫最痛苦的时候,自己没能给他更多的照顾和安慰。但两个人的感情一直很好,一辈子都没有吵过架,她觉得这一点很好,让她很怀念。

施瓦辛格称秦怡为"伟大的母亲",秦怡与儿子金捷之间的母子深情,让无数人为之感动。几十年来,除了拍戏,还要照顾家中身患重病的儿子,瘦弱的双肩,担起家庭和事业。

秦怡说,有人曾问小弟(金捷的小名),妈妈是什么?他说,妈妈就是"做啊做、做啊做"。秦怡觉得,她这一生的经历,都不如小弟的这六个字形容得好。

面对生活的艰辛与磨难,她也很痛苦,但是不能被命运击倒啊，于是她渐渐地想通了。不然怎么办呢？丈夫病在床上，三顿饭都不能吃，他自己疗伤，要不然早就活不成了。儿子是精神分裂症这样的病，思维停留在七八岁，相当于小学一年级的智商。他根本不理睬你，他什么都不懂，什么行为自己都不知道。这副重担只有她来扛。她研究儿子这个病是从哪里来的？为什么不能治？发病是在什么情况下？那时，她拍戏必须要带着他，因为放在家里没人能照顾。每到夏天他发病更厉害，因为天热人本来就容易心烦，他就从忧郁转到狂躁，一火了就要打人。要打就打母亲，因为她一天到晚叮嘱他吃药，她就是他的"敌人"。这个时候，秦怡总是捂着脸对儿子喊："小弟，不要打妈妈的脸，妈妈要拍戏的。"儿子在发病最严重的时候认为自己没有病，他要知道自己是个病人了，那就是精神恢复正常了。

秦怡说她在拍《雷雨》时最苦了。儿子住院，她在拍戏间隙带着装满儿子换洗的衣服和爱吃的食品的背包，挤公共汽车到医院探望，帮儿子服药、吃饭。当时要倒两次公交汽车去医院，身上的汗把衣服都湿透了，经常听见有人在背后说，"你看你看，那不是秦怡吗？"另一个回答说："不可能，秦怡怎么可能坐公交车！"

每当这时，她就鼓励自己——加油、快做，你是母亲，你有责任！她一直跟自己这样讲，也就一直做下来。所以秦怡觉得，不应该说她是伟大的母亲，而应该说母亲这个角色是伟大的！

精神之美：她是吴祖光笔下"身处逆境而从不灰心丧志"的"美秦娘"

吴祖光曾在随笔《秦娘美》中赞叹秦怡："具有中国妇女的传统美德，身处逆境而从不灰心丧志。""面对生活，永远表现为从容不迫，不卑不亢，把无数苦难化成永恒的美丽。"面对生活的磨难，秦怡总能举重若轻。

1966 年，秦怡被查出患了肠癌，在医院接受手术治疗。在住院期间，周总理和邓大姐给她写了一封信，派当时的宣传部领导送到医院。信的内容不长，上面写着："我们都知道你生了重病，但是你不要害怕，既来之，则安之。一个共产党员要面对现实，无所畏惧。"当时，秦怡由于出演《北国江南》正受到批判，是周总理和邓大姐的那番话，鼓励她有勇气挺过了肠癌和"文革"期间的风风雨雨。

秦怡出院后，每当在生活中、在工作上遇到了困难，这句话都一直激励着她。总理讲的"面对现实，无所畏惧"就是告诉她，无论遇到什么事情，既然你无法改变现状，就要毫不退缩地去迎接它，这是一个共产党员应有的本色。直到今天，总理的鼓励一直是她战胜困难的动力。有的时候，当这些话记不清了，她就再背一遍，反复记在心里，这是她一生最大的精神财富。

"一个共产党员要面对现实，无所畏惧。"从秦怡的个人经历来看，她也确实是时刻以一个共产党员的身份来要求自己。汶川地震后，秦怡先后捐款 20 余万元；青海玉树地震后，又捐款 3 万元，这对她而言几乎是倾囊而出。

　　而对此，秦怡说其实自己并没有做出什么不得了的事情。当时她捐钱，大家说不得了，其实这是一个共产党员应尽的义务。那么多的年轻人，包括我们的解放军战士，哪里有困难、灾难，总是冲在最前头，甚至会牺牲自己的生命，她就坐在家里，拿出这点钱捐了，没什么了不起。秦怡觉得，大家说得自己都有点惭愧，遗憾的是她已经这个年龄了，如果真的时光倒流几十年，她一定可以为社会做更多的贡献。而现在她只能做力所能及的事情，她只有去做了，才能心安理得。秦怡向我们讲述了她对于人生价值的领悟：一个人有再多的钱也好，别人夸你如何漂亮也好，得再多的奖也好，总有一天，你是要走的。你走了，一切就都消失了，多好的东西你都拿不走。人活在这个世界上，最最要紧的东西是什么？还是"价值"两个字，就是自己给予了这个世界什么。不要在乎你得到了多少，而要看你付出了多少。

　　正是秦怡这份为人做事的价值取舍，锻造出她毫无争议的、令人心悦诚服的美丽人生。作为观众心目中的"不老女神"，除了豁达的心态、坚韧的性格，秦怡还分享了她的长寿之道。

　　一个人一定要有追求、有理想。在她从影的这70年里，她幸福过，快乐过，也叹息过。怎么给自己定论？她觉得是问心无愧，顺其自然。世上的事就是这么难以预料，但是你可以选择自己的路。秦怡这辈子在工作和家庭上吃苦、受难很多，人们都说她心态好，但人终究都有享受美好生活的愿望。她常常想，家里这些事情为什么都要发生在老金和小弟的身上，也许她们三个人一起分担会好一些。她有时突然想起一件什么事，感觉当时自己没做好，就有些灰心和难过。但她马上又会自己把这种想法赶走——现实是残酷的，有些事情就实实在在地在那里，畏惧和胆怯是没用的，因此她从不认命，从不向命运低头。但她会冷静地分析，就像剥橘子，把这些心结一个一个、一层一层剥开。剥开了，就舒坦了，就轻松了。她会全身心地投入到工作中，学海无涯，艺术也是没有止境的，这就是她为什么现在还在拍戏和写剧本的原因。

有理想、有追求，活着就是幸福的

平时秦怡也十分注意锻炼和养生。前两年她还去了吉林通化，那是金焰年轻时生活过的地方，望一眼那山、那水，她仿佛回到了昨天，感到非常亲切。在通化的振国养生谷，她休养了一周，那里的环境非常好，是一个山清水秀的地方。她对吉林很有感情，当时为了拍电影《马兰花开》，她就是在长春一汽学的开推土机，给她留下了十分深刻的印象。秦怡说有机会一定要再去吉林，再去感受那片黑土地深沉的力量。

百年孤寂百年身，百年风霜付热忱。家庭被命运碾压，心灵却唱出强者的歌，瘦弱的肩膀挑起千斤重担，一面是家庭，一面是国家。这里面承载了血浓于水的亲情，和与生俱来的使命。

坚强和她的生命一起成长，数十年银幕交织，她以平生的热爱，向一个民族的山梁水脉，注入了坚韧、美丽与担当。

美丽和端庄是秦怡的代名词。然而短暂的接触，却让我看到了外表之外更让人尊重的品质。本来约好午后两点到秦怡老师家拜访，我们如约到达的时候，老人家正在午睡。保姆想让她多休息一会儿，就没有打搅她。大约一个小时后，醒来的她不停地责备保姆没有及时叫醒她，而怠慢了客人。在和我的对话中，与我同行的朋友起身想看看墙上的照片，秦怡马上告诉厕所在哪里，感觉十分细心。交谈中，她接了一个电话，是邀请她去北京参加电影活动的，她温和而有礼貌地聊着，最后还复述了一个对方留的手机号码，头脑之清晰，根本不像90多岁的老人。本来预定一个小时的访谈，我们一直聊了两个半小时，跟我拍照时，她还专门换了一件平时喜欢穿的衣服。

跟秦怡老师告别的时候，我在心里默默地祝愿她身体永远健康。

人物简介

秦怡，女，1922年2月4日出生于上海，祖籍江苏高邮，中国影视、话剧女演员，表演艺术家。

1938 年进入中国电影制片厂担任话剧演员，1941 年成为中华剧艺社演员。1946 年凭借在影片《遥远的爱》中的演出成名。新中国成立后成为上海电影制片厂演员、演员剧团副团长。20 世纪 50 年代因主演《马兰花开》被中国观众所熟知。1983 凭借电视剧《上海屋檐下》获得第 1 届大众电视金鹰奖优秀女演员奖。1995 年获得中国电影世纪奖最佳女演员。2004 年被授予上海市慈善之星称号，2005 年被授予"国家有突出贡献电影艺术家"称号，2008 年获选第 7 届"中国十大女杰"，2009 年获得上海文艺家终身荣誉奖及第 18 届金鸡百花电影节终生成就奖。

念念不忘　必有回响

——记著名影视表演艺术家王庆祥

人世间有种种美好，山水风云，名胜人物，借由艺术的归纳解析，烘托渲染，人类内在精神及心灵渴求得以与之呼应，绽放灿烂光华，浸漫一切情感与理性，照亮幽暗的瞬间，遂成为星月般永恒的存在。其中最为醒目的莫过于舞台荧屏上的典型人物，声光色味意志气象仿佛丝丝缕缕的线，被一双妙手凭空牵揽着，观众的喜怒哀乐，既有了来路，亦有了去处。因为工作的关系这些年我接触了好多位享誉国内国际的艺术家，这是我的幸运，其中让我一见如故的是王庆祥。

翻开王庆祥的光影记录，他饰演的都是正义刚强的角色，从持正不阿的纪委书记到反腐倡廉的市长，从扶正祛邪的律师到不苟言笑的军人……君子襟怀，仁义毕现，荧幕里他凛然正气，生活中他质朴简素。厚积薄发，他演绎的剧作富有浓郁笃重的质感，大器晚成，他塑造的人物满是细腻精湛的丰赡。戏里戏外，他有一个不变的身份，他是人民的儿子，通过形象的塑造弘扬社会主义主旋律，与新时代伟大历史进程同频共振，以明德引领时代的风尚，以艺术之光照亮民族的灵魂。

积基树本：半生蓄势一朝勃发

与王庆祥的相遇是在 2019 年的最后一天。他与长春阔别已有 20 余年，那是东北的冬天极具特色的一日，窗外簌簌地下着雪，如杨花，如轻烟。地上早已积满了厚厚的白雪，像棉絮一样铺陈着。他说自己很想出去走一走，感受一下踩在雪地上发出的咯吱咯吱的声响。就像秋天的公园里落叶铺满小径，他喜欢走在上面，听着窸窸窣窣的动静，领受与大自然格外亲近的感觉。今天，他也很想体验一下在雪地会是怎样不同的传递。但他有一点点感冒，怕出门会加重从而影响晚上的演出。在这样的交谈之初，短短的几句话，就让我感受到了王庆祥的性情和担当，尽管看向窗外的眼神里满是热望。

1949 年 2 月，王庆祥出生于北京一个普通的工人家庭。王庆祥的演艺之路是从"少年之家"开始的。提起这段岁月，我们能感受到他心底油然而生的暖意，像童年时屋檐下燕子的欢唱呢喃，像暖暖春阳下唇边的柳笛声声……那个年代是没有少年宫和现在这样普遍的艺术辅导班的，孩子们也不像如今这般活泼踊跃地去学习业余的才艺。王庆祥的才艺天赋在一次"少年之家"的活动中显现出来，老师们很喜欢他，也希望他以后会有好的发展，便带着他去文艺单位学习。那时老师培养学生是没有什么报酬的，只是单纯的义务、责任和情义。1960 年，11 岁的王庆祥被海政文工团招入，他的命运就此发生了转折。

因擅长跳舞、唱歌和演戏，王庆祥进入海政文工团后，最开始是成为了一名舞蹈演员。"那时候的工作，主要就是到军工企业慰问演出，剧团多演出一些话剧、舞蹈、对口词、三句半等小节目……"。因为当时文工团刚成立不久，百废待兴，也都"一人多能的兼职"。王庆祥年纪小，只能扮演小角色，当看到别人收放自如地在舞台上精彩的表演时，年幼的他既羡慕又向往，也慢慢地留心模仿和观察。1964 年加入了毛泽东思想宣传队，王庆祥在乐队当伴奏，吹笛子兼打击乐。在跟演员们一起排练演出时，耳濡目染地学会了演戏、朗诵、京剧、吕剧，不断地揣摩思考和学习，扎实的基本功，涉猎的丰富性，坚韧的意志力，不懈的进取心……这些都慢慢融进了他的血脉，成为他以后艺术生涯的基石。

"凡事预则立，不预则废"。机会终于落在了这个一直在准备中的年轻人身上，在一次话剧表演中，一个小战士的饰演者临时缺场，有人就推荐了各方面都很优秀的王庆祥，结果本该是临时"救场"的他在舞台上大放异彩，一鸣惊人。大家这才发现一直在旁边默默观看的小伙子已经羽翼渐丰。1974 年，王庆祥调入海政话剧团演话剧。他谦虚地说，这对于当时做音乐、舞蹈的他是一个不小的"跨界"，这种转变也是有一定难度的。但其实我们都知道，没有人能一蹴而就，在无数细微的努力里，才能看见风的方向。在这十余年里，跳舞、演话剧、唱样板戏，偶尔还会参演小品，王庆祥将自己的时间规划得很充实，有青春的朝气，有奋斗的热情，他展现出来的轻松和肆意，背后都是刻苦的雕琢。

王庆祥进入演艺圈参演的第一部电视剧作品是《合理冲撞》，剧中他饰演一位足球教练。1983 年，因为在话剧表演时精湛的演技，王庆祥被海政电视艺术中心的导演看中，成为了第一批"专职演员"。从话剧到影视剧，对于年轻的他来说也是一次挑战，"别人演一遍，我就多演几遍，逼着自己往上走……"这句简单的话里藏着他对自己严苛的要求和朴素的执著。为了演好戏，他时时都在揣摩和观察人物的心理状态、举手投足的神态动作等等。就如易卜生所说，"你最大的责任就是把你这块材料铸造成器"，王庆祥也像是一块等待时间和自我雕琢的明珠，享受着这样自我成就的过程，心之所向，生命悠往。

正心正道：认真演戏，干净做人

赏阅王庆祥的演艺生涯，他所饰演的角色几乎全是正派人物，每个角色前都有一个特别正向的褒义词语。谈到这里，王庆祥幽默地说："可能我的长相比较正派……"。这么多年，对于正面角色的饰演和塑造，王庆祥已然形成了一种惯性。他说这主要有两部分的原因：一是家庭教育，良好的家风传承是他从小对于世界和事物认知的基础，纯正的家风在无形中引领他迈向坦途，家风就是他的精神足印。王庆祥小时候是住在四合院里，几家生活在一个院落，那时父母就告诉他，每天最起码要把自己家门口扫干净，每家每户都这样做，整个院子里就都干净了。二是国家培育，11 岁当兵，20 世纪 60 年代学习雷锋好榜样，从小灌输的就是学习为人民服务，学习纪念白求恩，学习毛主席著作……王庆祥坦言他不能理解一些贪污腐败的人，像当年的张子善、刘青山，或是后来的一些落马官员，每一级别都有国家所给予的相应的待遇，如若你享受的东西超出标准，就是漠视了规矩，罔顾了法律的边界。崇拜高尚才能涵德养性，崇拜私欲只会庸俗鄙陋。从少年起，对正能量的向往，对英雄的崇拜，在成长的过程中，这些观念一起浸润在他的血脉里，萦绕在脑海里，这样的印记是蕴藏在灵魂深处的镌刻。"一家仁，一国兴仁；一家让，一国兴让"，家是最小国，国是千万家，家庭构成了社会的最小单元，是一个人成长最初的底色。家风纯正，国风优良，给王庆祥树立了做人做事的价值准则，相让有礼，兼容并包，也在潜移默化中影响着他的人生方向和行为方式。王庆祥饰演的影视剧经久不衰，人物角色为百姓津津乐道，奉为经典，和他的这些教育是分不开的。正心正道，善为善成，这就是因果。

变的是角色，不变的是内心。王庆祥所塑造的一个个角色所折射出的价值，足以能体现他的德艺修身。大家一直都说他是"老戏骨"，他自己却说，自己只是认真地用心去演戏。"我其实挺笨的。因为聪明的人在感受到社会变化以后，比如改革开放，他们纷纷去经商等等，能赚到钱，也会有更好的出路。"但王庆祥认为自己并不够聪明，就只是在团里，每天踏实的练台词、练形体……"你们想，再笨的人，每天只琢磨一行，也能干出来点成绩……"他这样幽默而自嘲地说。

在《北平无战事》中饰演方行长的时候，王庆祥是有些犹豫的，其一是因为当时已经 60 多岁，自己不再是壮年之躯，这部戏很长，他担心体力不能承受。另外一点是他也担心自己不能很好地演绎方行长这个角色。方行长是哈佛、耶鲁两所名校的金融博士毕业，跟自己的差距很大。但当时导演对他说："你觉得这样的角色应该是什么样的？有固定的模式和标准吗？我选了你，在我心目当中你就已经是这个人物，不要去更多地考虑了……"导演的一句话启发了王庆祥，在反复认真地看了剧本之后，他对自己说，"这是一部非常好的作品，可不能给人家演砸了"。到了拍戏的时候，他会反复去琢磨自己的台词，即使没有自己的戏，也会在片场观摩，仔细研究和分析人物关系和情感。拍戏前，他用不同的方式和语气反复去呈现台词，在他看来，好台词在表述的时候永远有一种愉悦感，在备戏的时候整个人都是愉悦的，这样说一遍是这个意思，那样说一遍是那个意思，他就是从这些不同的意思当中去选择一个最符合银行行长这种身份的表现。"遇到一本好戏，演员都会很用功很刻苦的，大家都是这样……"王庆祥依然谦逊地说道。天道酬勤，数年磨一剑，如滴水穿石，虽然柔弱却击穿岩石，这是坚持的力量。"所谓天才，并非生而知之"，正是因为常人无法做到的勤奋与坚持，他塑造了一个又一个的经典角色，每一个都是经典，每一句都无法超越。

在他的演艺生涯中，王庆祥认为自己在不同的表演阶段有不同的特点，早些年的《生死抉择》和《天下粮仓》，许多年后的《一代宗师》和《北平无战事》，前者是血气方刚的纯粹，后者是成熟博大的厚重。

在与王庆祥的交谈中，慢慢察觉到他是一个非常好接触的人，不似荧幕里面板着面孔不苟言笑的印象，当我提出这个感受时，王庆祥哈哈一笑道，"我特别高兴你这么说，因为我是演员，演的不是王庆祥啊！很多人都说感觉我和戏里完全不一样，那就对了，演员是要塑造人物的，每个角色都有自己的鲜明特色……"王庆祥说自己只愿意做一个普通的老百姓，如今人民生活条件越来越好，在这样的状态下自由自在自足，就是最幸福的。历经夙兴夜寐，栉风沐雨后，归来，人间至味是清欢。真正的平静，不是避开车马喧嚣，而是在心中修篱种菊，不管外界如何纷扰，他在安之若素中对话本心。"我愿做一个简单的人，但我想演一个复杂的角色"。王庆祥说道，现在饰演的角色大多是正面人物，但他想演一个多面的、好与坏多重的角色，去塑造一种矛盾的状态，因为人本身就是多面性的，黑与白、好与坏、善与恶从来不是简单的二元对立的状态。

王庆祥与共和国同龄，一路同行，他见证了中国从百废待兴到不断繁荣，他期待着中国从电影大国向电影强国不断迈进，这也是实现中华民族伟大复兴的中国梦不可缺少的重要组成部分。作为影视从业者的典范和业界权威，他对目前的影视行业寄予厚望。"走过了不同的历史阶段，也遇见过许多导演和剧组，演员们也有着各种的表演方法，可以说是百花齐放，但是现在有很多戏拍得越来越快，这个就不太好，都说'慢工出细活'，要下功夫去雕琢才能出精品。现在影视界的演员们很多也是良莠不齐，身为众人瞩目的公众人物，应该起一个榜样的作用，而有些人却以此夜郎自大，不管是在演艺界，还是在社会上都造成了极其恶劣的影响，归根结底就是暴露了文化素养比较低，做人基本的原则有问题。但也有很优秀的年轻后生，他们很有才气，这对我也是一种激励，有时比如在演对手戏的时候，我会发现他们独树一帜的表演风格和方式，他们年轻，没有那么多框架和包袱束缚，这也带动了我抛弃原有准备的方式，重新思考角度和表演内容。我演了这么多年戏，也许经验就成了一种模式，永远在这个模式下演戏，就永远没法突破的。"王庆祥不赞同"颜值就是王道"的演员出道方式，还是要回归演戏的正途，符合我们当今社会的正能量，演员作为公众人物是一种正向的标杆，去传递社会的主旋律，这才应该是影视界的主流。王庆祥非常严肃地说，我们要认真落实习近平总书记对文艺工作提出的新要求，繁荣文艺创作，与时代同步伐，以人民为中心，"一个时代有一个时代的文艺，一个时代有一个时代的精神"，我们这一代人的体验是不同的，我们有对于生活底层的历练和改革开放的洗礼，所以对于国家有着不同的责任和使命感。现阶段中国的传统文化在不断得到弘扬，我们的国家要发展壮大，重要的精神支柱就是中华民族优秀的文化传统，这是一个民族道德、文化、思想、精神的传承，是一种独特而深邃的文明。

璞玉浑金：老戏骨的不老人生

在知乎上关于王庆祥有这样一个话题，"从'一本正经'的人民艺术家到被网友爱戴的'国民公公'，他经历了什么？"这源于王庆祥的微博，当时刚发了没几条，王庆祥就被"吓到"了——不少小姑娘在给他的微博留言中喊他"公公"。原来这些姑娘多是演员王凯和霍建华等人的迷妹，迷到深处便将偶像称为"老公"，在《北平无战事》和《镖门》中先后给王凯和霍建华当爹的王庆祥，也就自然成了"公公"。王庆祥在微博上与粉丝们的互动充满了趣味性，在他看来，"年轻人喜欢的东西我也学着玩，很有意思……"有活力的人，很多都是终身学习者，即使年龄上已步入老年，但他们好像比年轻人还要年轻，有无穷的活力和精力。"长期保持运动和良好的生活习惯，可以使我的艺术寿命长一点"，王庆祥笑着说，他现在还保持着运动的习惯，有时酷酷地骑着自行车在风里徜徉，有时在公园里的单双杠上屈伸，他说肌肉有力量才能更好地保护骨骼。"我最爱的事情，就是亲近大自然"，远离喧嚣，走在林中，阳光在地上撒下稀稀疏疏的光斑，捡一片落叶，沾一片夕露，感受世间的至真，至善，至美，这样的美恰恰最朴纯，最笃厚。

谈及王庆祥是如何保持这样的心态时，他说，"我经历了各样的历史阶段和运动，见过市井也阅过权贵，上上下下，起起伏伏，我觉得最好的状态就是做一个普通人，年轻时经历过努力奋斗，老了也不为生计而忧愁，有浓烈也有平淡的一生……"艰苦曾斑驳了岁月，磨难也磊落了皱纹，霜风过后，更见成熟蕴含与灼灼风致，一切从心出发，虽从心所欲，而不逾规矩，在自己天地里自在行走，喜一尺忧一寸，跋一路涉一程，他看透了世间百态，在淡然中释怀，在岁月里从容，随意、随缘、随心，才是真正的大智慧。

王庆祥是一个大器晚成的演员，在他入行整30年后，凭借电影《一代宗师》拿到了金鸡奖。也因为这个角色的完美演绎，他也被影迷们称为"中国高仓健"。王家卫执导的这部电影中有一句经典台词："念念不忘，必有回响"。这句话也是王庆祥一生演艺生涯的写照，无论环境如何变化，他始终恪守以精湛演技赢得观众的认可。高山不语，深水静流，只有懂得坚持和坚守，付出不懈努力的人，才能成为各自领域的一代宗师，让人念念不忘，成为同类人生命奋进的参照。

人物简介

王庆祥，1949年2月20日生于北京，中国内地影视男演员。1983年，参演电视剧《合理冲撞》，从此步入影视圈。1999年，凭借电视剧《波涛汹涌》获第19届中国电视金鹰奖观众最喜爱电视剧男演员奖提名。2000年，凭借电影《生死抉择》获第7届中国电影华表奖优秀男演员奖、第24届大众电影百花奖最佳男演员奖。2001年，凭借电视剧《天下粮仓》获第22届中国电视剧飞天奖优秀男演员奖提名。2005年，凭借电影《任长霞》获28届大众电影百花奖最佳男配角奖提名。2013年，凭借电影《一代宗师》获得第29届中国电影金鸡奖最佳男配角奖、第14届华语电影传媒大奖最佳男配角奖；同年，凭借电视剧《北平无战事》获2014安徽卫视《国剧盛典》年度演技实力派演员奖。2017年7月28日其参演的《建军大业》在中国大陆上映。

王刚：本真刻痕，顽痴人生

当年，《夜幕下的哈尔滨》的说书人一举成名，王刚讲述的是别人的故事；

之后，在电视剧中成功塑造"和珅"形象，他演绎的是历史的得失与真伪；

如今，在收藏中品味历史感悟人生，他释放自己的本真，体验着真实生活的另一番风景。

无论是说书人，还是央视《综艺大观》和春晚舞台上万众瞩目的主持人，甚或是深入人心的"和大人"，华丽转身的收藏鉴宝专家，虽然公众眼中王刚的身份不断转变，但他对每一种身份和工作，都是认真投入的，都是出于他对历史文化的痴迷与热爱。他做得有声有色，风水留痕，这也构成了他精彩纷呈不断"开挂"的人生。

戏场，人场，粉墨乾坤。他身份惊奇、天资聪慧，使得他的过往精彩又神秘，他的故事比戏文更耐看。26 载军旅生涯，积雪的山川，蔚蓝的海疆，绵亘千里的边防线，他是共和国的同龄人，见证了新中国的所有风云历程。

恰逢王刚短暂的回乡之旅，有幸近距离探寻这位艺术家的人生起点和幕后传奇。在他光彩夺目的艺术成就的映衬下，所有的故事，让眼前的王刚尽显荧屏上的丰神俊朗眉宇轩昂。

记忆中的长春最美

王刚，1948年出生于辽宁，成长于长春。1973年，他离开长春到了原沈阳军区。可以说，王刚人生最初的20多年青葱岁月，与长春紧密相连。

秋冬之交的这一天，一直出现在电视屏幕上的王刚走进现实，来到家乡，应邀回长春作一场《投资与收藏》的讲座。一下飞机，他便安排出一下午时间，直奔曾经生活过的长春崇智胡同，寻找"从前的影子"。

车行轻快而平稳，在机场至市区的道路上，接受采访的王刚犹如一位老朋友，熟悉而亲切。明媚的秋阳金晖扑面而来，透过斑驳树荫洒进车内，晴空白云向后飞逝。虽然长春的这段生活已经过去至少四五十年，但王刚仍能清晰地记得很多场景和细节，指点着车窗外熟悉的景物。

小时候王刚一直生活在长春繁华中心区的崇智胡同，当时他家就在崇智胡同12号，小学就读的学校是北安路小学，中学在长春市第二中学，高二时下乡一年，然后进入部队当了兵，部队就在长春市郊。他说那时的朝阳影剧院，就在离家不远处，那是他经常逃学"蹭戏"的地方；在他家的右边，是吉林省博物馆，他常常溜达着就去参观了，在那里了解了吉林省历史文化发展简史，看到了许多古字画和珍贵的文物；而朝阳区文化馆也在他家附近，里面的图书室是他经常光顾的地方。

儿时的文化和环境熏陶，为王刚后来的艺术人生镀上了浓厚的底色。他感叹道，一晃离开几十年，如今长春几乎没有亲戚朋友了，但是曾经生活过的地方，一直深深地刻印在记忆深处。

大约十多年前，他受聘为东北师范大学客座教授，曾经回长春一次，乘车从故居附近经过，那时就了解到，崇智胡同周边已经完全翻建，许多地方早已物是人非。但是，内心对家乡的牵挂、对儿时生活的追忆，仍然不能释怀。虽然一些老建筑不在了，但他还是希望能回到那块土地上，去站一站，"也许是人老了吧，开始怀旧了！"

他的目光望及远方，像是穿越了数十载的光阴，隔着细碎光影，凝望着幼时的自己。进入市区，王刚减少了谈话，他点上烟斗，浏览着窗外的街景，并不时地询问："这是原来的二道河子吧？""到大马路了吧？"他的问话大多数都是准确的，很让人惊讶于他的超强记忆力。与此同时，相同的认知，也拉近了大家与这位名人老乡的距离。王刚一边看一边不时地感慨："长春变化太大了，虽然一些格局还在，但给人一种全新的感觉！"

在王刚列出的行程中，首站是要看一看人民广场，这是长春这座城市的核心地标，离王刚小时候的家也很近。当司机师傅提醒他前面就是人民广场时，一直盯着窗外的王刚却发出了惊叹："这是人民广场吗？""人民广场这么小吗？""记得小时

候人民广场好大啊……"一连串的感叹表达出契阔游子强烈的
内心感受。

"中间的那座苏联红军烈士纪念碑，似乎也比记忆中变矮
了……"记忆与现实的落差，随着映入眼帘的事物，还在不断
增强。片刻之后，他才若有所悟地缓过神来——"噢，是自己
长大了，那时候多小啊……"是啊，在当时一个还没看到外面
世界的青少年眼中，世界该是多么广大啊！

为了让王刚更明晰地感受过去，车子特意绕人民广场多转
了一圈。王刚对广场周边的各个建筑和单位都如数家珍，"这
是工人文化宫，变化倒不大，仍然是原来的建筑。""我记得前
面是伪满时期的建筑——是一家银行，前面还有邮局……这里
是长春市公安局，那边就是五商店了，是当时长春最繁华的商
店……""记得从广场往南有个体育场，是个大斜坡，小时候我
们骑车往下滑，看谁骑得又远又快……"王刚记忆中的这些建
筑如今都依然挺立，虽然有的已经翻建和修整。"您怎么记得这
么清楚？"对于他能把几十年前的陈年旧事一件不差地说出来，
同行的人都不禁发出感叹。

原来长春一直是他的骄傲啊，在他的记忆中，长春非常美丽，
其他城市都没有长春漂亮！这样的印象和感受，绝不是小孩子
的一厢情愿。

1966 年全国搞"大串联"，他跟着走了几乎大半个中国，去
了许多城市，但他觉得那些城市都没法和长春比。即使后来离
开长春，有的朋友来长春出差旅游，回去也和他说，你的家乡
长春简直就是一座花园啊！绿化得非常好！长春，是他生命中

最美好的一处存在。长春有长影、一汽，也有机车厂和光机所、应化所，还有南湖，既是一座文化城，又是科技城，而自然环境也非常优美。他还记得小时候，孩子们都在街边的草坪上玩耍，那草坪非常厚啊！童年是他生命中最纯粹最幸福的光阴，恣意的奔跑，氤氲的黄昏，煤炉米饭混合的淡香……一幅幅画面里，儿时的浓郁情感和缤纷的梦想，悠然成长。

小学时的惊人之举

挺拔矗立的香格里拉饭店，如今占据着城市最核心的繁华区位，五六十年前，这里就是王刚家的位置。竖立在大酒店拐角处的"崇智胡同"路标，指示牌映入眼帘，对此时的王刚来讲，显得是那样的亲切，就像一位亲人的守望，穿过岁月的风尘，亘古不变，初心未改。

少小离家老大回，乡音无改鬓毛衰。

崇智胡同热闹拥挤，下了车，王刚左右环顾，仔细搜索辨认着周围的一切。这里变化实在太大了，高楼大厦摩肩接踵，儿时记忆中的景象几乎不复存在。然而，他还是锁定了一个大概的位置——香格里拉饭店车库入口处，这里就是他曾经的家。他欣喜地站在那里，留下了一张很有纪念意义的照片。

在"崇智胡同"路牌下，他也照了一张相。

周围来来往往的人认出了王刚，大家一拥而上，争相一睹这位家乡走出去的名人，很多人拿着手机跟随着拍照。在熙攘的人群中，一位50多岁的男子亲切地喊了一句："老王，欢迎您回家——"王刚马上接了一句："谢谢啊！"对这一句问候，王刚后来说："他感觉非常感动和温暖，老泪差一点落下来！"

"他一定知道我是长春人，也可能知道我是在崇智胡同长大的，这一声问候勾起了游子对故乡最深沉的情感！"

曾经的文化之地，变成了如今的商业中心，熟悉的朝阳影剧院不在了，吉林省博物馆迁走了，童年的时光也一去不复回了……然而这些生命中曾经真实的存在，如今都以另一种方式在记忆中铭刻着，它们一直不曾走远，只是变成了生命中永远相伴、不可分割的一种力量和支撑。

车子在胡同中七拐八拐，没多远就来到了北安路小学，这里现在已经改名"北安小学"。

建于伪满时期的三层小楼，已经变成眼前整齐开阔的教学楼。

虽然王刚之前说不想惊动任何人，只是想悄悄地看看，可一听说王刚回母校了，学校的副校长张立国马上热情地迎出来。对于这位有名的校友，学校是非常熟悉的。站在校园的草坪上，在现实与记忆的交错中，王刚不断地喃喃自语："以前，校园里没有草坪……大门则是一直在这边开着……教室中铺着木地板，地板有很宽的缝儿……"时光隔了五六十年，又一次站在这块土地上，王刚不免感慨万千。

就在这所学校，就是这位名人，曾经演绎出一段轰动一时的惊人之举。

秋风涌动着这个游子的记忆，王刚向我们讲述了儿时的故事。小学时期，他格外淘气、顽皮，隔三岔五就要惹出点事儿、捅点娄子，一段时期甚至达到了将要被学校开除的地步，他自己也很沮丧。苦闷之中，王刚突发奇想，想到要给毛主席写封信。1959年6月，他真的动手给毛主席写了一封信，在信里，他向毛主席表决心，要好好学习。还画了两幅水彩画，一幅是小白兔吃萝卜，一幅是解放军保卫祖国，信里还夹了一张他和妹妹王静的合影。信封上直接写"北京毛主席收"。没想到竟然收到了回信，信封上面写着"吉林省长春市朝阳区北安路小学四年级2班，王刚小朋友收"，寄信人地址是"中国共产党中央委员会办公厅"。信中写道："王刚小朋友：你6月24日写给毛主席的信，还有图画和照片都收到了，谢谢你，今寄去毛主席照片一张，请留作纪念。希望你努力学习，注意锻炼身体，准备将来为祖国服务。"

王刚一下子就"火"了。

学校和老师立马恢复了他"好孩子"的名誉。从此以后，他也真的变成了一个非常懂事的好学生。应该说，这封信改变了他的命运。

小学时期的王刚就颇具传奇色彩。1961年，他进入了长春第二中学，在这里度过了五年的中学时光。他清楚地记得学校在篮球方面成绩非常突出，曾获得全省中学比赛的冠军。而且学校当时还建有一个游泳池和一个室内体育馆，这是其他学校都没有的，也是他当时非常骄傲的事。如今的长春二中更加壮大，校舍、校园整洁宽敞，操场上、体育馆内，学生们开展着各项体育活动，生龙活虎。听校长王颖介绍，学校现在社会声誉很好，各个方面都蒸蒸日上。王刚非常欣慰，他说："如果倒退个几十年，他还会回二中念书！"

在学校的留言簿上，王刚欣然写下："长春二中，我的母校，我的骄傲！"

"我和《吉林日报》可以说很有缘分，我的第一次相亲就是在吉林日报大楼里！"

王刚风趣地讲起了这段故事，看到相亲的姑娘，他还很纳闷——她为什么总不愿意站起来呀？哦，原来姑娘是打球的，一站起来，好家伙，比王刚高了一头多！

跟随着王刚重温了一遍他早年的生活轨迹，可以清晰地感受到，王刚对长春的这段生活有着深深的怀念，譬如和小伙伴一起去南湖游泳、抓蛤蟆……一切都是那么纯真。他记忆中的长春那么美，这无形中感染了同行的家乡人，加深了大家对生活的这座城市过往历史的认知，唤起了大家对家乡的无比自豪和热爱之情。

四季轮回，寒暑易序。岁月中的故乡，总有深情根植于心。

收藏和人生很接近，只是更直接

除了影视和舞台表演，王刚目前古玩收藏专家的身份也广为人知。

其实，他最早的收藏兴趣的种子，也是在小时候就埋下的。儿时他经常和父亲一起去长春桃园路旧货市场淘文物，记得买的第一件老物件，是一个 5 元钱的鸟笼子。后来，为了纪念自己最初的这份情结，他还在北京的拍卖会上拍下了一个很有价值的民国时期的鸟笼。

收藏是一个充满神奇和诱惑的领域，无论其中的风光，还是潜在的风险，都让人惊心动魄，刻骨难忘。在王刚看来，古玩就像成人的玩具一样。到这个年龄了，还能像小孩子一样，淘换到好东西，在藏友之间交流、"显摆"，从中获得无限的乐趣，这是很难得的。

这些古玩得是上品，是真品，当然也是珍品。通过古玩，人们能够与几百年、上千年前的民族历史挨得这样近，甚至触手可及。这种历史的穿越和文化的通达，能带给人精神层面的提升。不知道天底下还有没有另外一件这样的美事，每天让你把玩、欣赏，陶冶着你的情操，愉悦着你的心情，使你远离外界的纷扰，拥有自己的精神家园。而且它随着时间的推移还在不断增值，这等于附加了一个理财的功能。所以，他庆幸自己喜欢上了收藏。

结合自己的经验，王刚认为，如果藏友资金相对多一些的话，尽量到国内国际的一些有资质、声誉好的大型拍卖会上进行买卖，这比私下交易要可靠得多。因为拍卖品大多是一些传承有序的东西，前人已经用他们的眼力把过关了。

他坦白地说，目前，他到了一个很尴尬的阶段，就是财力跟不上眼力，对有些珍贵的文物深知买不起，但他还是要"上手"看一看。有一句话可以聊以自慰——"过眼即拥有"。

天底下好东西太多了，不能占有欲那么强，因为一旦贪心太大的话，就有可能吃亏上当。贪，是这行最忌讳的，然而多多少少、大大小小、前前后后，谁又没有一点点的贪念呢？这就要把握好一个"度"，不要因为贪而走上不归之路。收藏中永远有诱惑，它始终存在。但是，想据为己有，一定要在自己资金允许的前提下。

收藏和人生很相近，只是它更直接，并且一下子集中表现出来。

最近几年，一直有好几家出版社约他出书，希望他讲讲收藏的心得感悟，但他始终说"不着急，不着急"。玩收藏的人也像他收藏的东西一样，不怕老，越老才越有滋味，最后老到出了"包浆"了，有了岁月的痕迹了，你拿出东西来，你说出话来，别人才能更信服。所以，不要着急。现在他还是去博物馆、拍卖会多走走多逛逛，多看些好东西。

重回话剧舞台

王刚与"铁三角"张铁林、张国立搭档主演了话剧《断金》，赢得观众的热烈欢迎和好评。

王刚讲述，话剧《断金》是他的好朋友、剧作家邹静之编写的一部北京风情的作品，讲述了发生在北京王府井大街上民国版的"中国合伙人"的故事。除了在北京演出外，已经在青岛、南京、武汉、深圳等城市进行了巡演，共演出十几场。原计划演完就结束了，但现在看来，这事儿恐怕完不了。该剧的投资方和演出主办方也没想到，演出会这么火爆，巡演所到的不同城市和地区的观众，都完全接受了这部话剧。而且最让他们感动的是，演完谢幕后，观众还不愿散场，都在意犹未尽地回味着，而且这是在演出持续两个半小时,中间没有休息的情况下。于是,他们三人就在台上和大家聊天,或者和全体观众合个影,转过身来,与观众融为一体,拍一张大团圆的合照。观众太热情了!这样的场面,他这辈子都没见过。

话剧演出和影视表演不一样,影视剧中间可以喊停,错了可以再来。可话剧如果错了,就"晾"台上了,别的演员是接不下去的,因为有些台词是很经典、很讲究的,逻辑衔接严密,要求环环相扣。所以王刚认为,演话剧还是很辛苦的。

不忘初心,方得始终

露从今夜白,月是故乡明。

这次故乡之旅,让王刚感触很多,颇觉不虚此行。

他认为,个人的后来很多发展,都能从长春、从崇智胡同这个阶段找到源起,譬如他对艺术的喜好、对收藏的感知,应该就是当年溜达博物馆和旧货市场受到潜移默化的影响和启蒙。对生命的回望,让他重新叩问自己"我是谁,从哪里来,要到哪里去"。不忘初心,方得始终,进一步认清自己,才能走好接下来的路。

乡情,是维系远行游子与故乡之间的情感筋脉。

长春,这座城市填满了他关于童年的梦境。

王刚对于故乡春城也有许多期待。在小时候,也就是新中国成立初期,长春的发展实力很强,在全国都是领先的,是他引以为傲的家乡。长春具有很多优势,东北的教育水平和人文素质也很高。虽然目前东北经济遭遇了一些困难，这可能是由经济社会发展到一定阶段和某些因素所致，他坚信，通过不懈的努力，吉林乃至东北的经济发展，一定会重新振兴。

家乡长春一定会越来越好！

人物简介

王刚，男，吉林长春人，演员、主持人、表演艺术家。曾获北京电视艺术春燕奖、第十四届中国电视金鹰奖"最佳男配角"。

电视剧代表作：《古董局中局》（2017 年）；《典当行》（2016 年）；《神机妙算刘伯温》《吾儿可教》（2015 年）；《80 婚约》（2013 年）；《家宴》《谁是真英雄》（2012 年）；《黄梅戏宗师传奇》《国色天香》《第一书记》（2010 年）；《铁齿铜牙纪晓岚（4）》《锣鼓巷》（2009 年）；《少年讼师纪晓岚》《少林寺传奇》（2007 年）；《少年嘉庆》《玉碎》（2006 年）。

其中还有《夜幕下的哈尔滨》《宰相刘罗锅》《布衣天子》《铁齿铜牙纪晓岚（1、2、3）》《梦断紫禁城》等经典作品。

电影作品:《堂吉诃德》《活该你单身》(2010年);《大灌篮》(2008年)。

王蒙：岁月不老，青春万岁

所有的日子，所有的日子都来吧，

让我们编织你们，用青春的金线，

和幸福的璎珞，编织你们。

有那小船上的歌笑，月下校园的欢舞，

细雨蒙蒙里踏青，初雪的早晨行军，

还有热烈的争论，跃动的、温暖的心……

是转眼过去的日子，也是充满遐想的日子，

纷纷的心愿迷离，像春天的雨，

我们有时间，有力量，有燃烧的信念，

我们渴望生活，渴望在天上飞。

是单纯的日子，也是多变的日子，

浩大的世界，样样叫我们好奇，

从来都兴高采烈，从来不淡漠，

眼泪，欢笑，深思，全是第一次。

…………

　　1953 年 11 月，19 岁的王蒙以这样一首每每读来都令人心潮澎湃的诗歌为序，开启了《青春万岁》的创作。岁月不老，青春万岁——虽然属于我们每个人自己的青春终将逝去，激情也会归于平淡，但美丽的青春应当被铭记，应当被致敬……因为，她是所有人都经历过的岁月洗礼。于是，一部《青春万岁》穿越半个多世纪而来，时至今日，仍是青春无敌的最佳注解与赞歌。

　　以一部《青春万岁》开启文学生涯的王蒙印证了"青春不老"这四个字。尽管已届 85 岁高龄，但他至今仍笔耕不辍，创作力惊人。从《青春万岁》《组织部新来的年轻人》，到《这边风景》《中国天机》，他挥笔写作，从小说到自传自述，从社会政治杂评到传统经典解析，其思考感受雄浑有力、挥斥八极。曾获意大利蒙德罗文学奖、日本创价学会和平文学奖、俄罗斯科学院远东研究所与澳门大学荣誉博士学位、约旦作家协会名誉会员等荣衔。作品被翻译成 20 多种语言在多国发行。

　　在一个如《青春万岁》一般暖意融融的春日里，我开启了对王蒙先生的寻访与探问。在这位已是耄耋之年的智者的连珠妙语中，其人生经历的起起落落，思想智慧的洋洋洒洒跃然眼前……

谈写作：写作是人生真正的精神享受

　　从 19 岁开始创作第一部长篇小说《青春万岁》，青年王蒙走上了他的文学创作之旅。在回顾那一阶段澎湃的写作历程时，他常喜欢把 20 世纪 50 年代的写作看成是"激情写作"或是"青春期写作""年轻时的天真写作"。他说："我一直觉得自己有一个使命，把我亲见亲闻亲历的共和国史记录下来，把我这一代共和国建立时期的青年人尤其是青年知识分子的心路历程表现出来……"也正是那个火热的时代、特殊的生活经历和写作背景，才让他写下了这些充满激情的青春史诗。

王蒙的年轻岁月恰逢新中国的诞生，这伟大的年代让青年人唱着凯歌行进的心情异常兴奋，每个人都欢呼雀跃地勾画着最为美好的前景。那一代人的童年时期是在民不聊生的战乱之中度过的，他们渴望着国家的振兴、社会的公平与有序、政治的清明、和平的经济建设，当然也渴望着自身能有所作为，能对国家和人民有所贡献。他们把这一切美好的希望都寄托给了新中国。王蒙深深地懂得，青年人这种单纯、浪漫、热烈的青春岁月并不会永远延续，他应该把这无限珍贵的青春记忆记录下来，让更多人体会得到。于是有了《青春万岁》的创作与他的文学生涯的开始。

《青春万岁》是一个时代的产物，有着十分浓烈的时代感。对王蒙而言，写作就是编织那些精彩绝伦的日子。尤其是1949年以后的日子，像画片照片、像绿叶、像花瓣、像音符、像一张张笑脸和闪烁的彩虹，这就是新中国第一代青年的日子，没有比度过、体味过这样的日子与编织这样的日子更幸福的了。在编织这些日子的激动中，他体会到——写作是人生真正的精神享受，是所有精神享受的峰巅。

《青春万岁》问世以来，影响了一代又一代青年人。作为凝聚人心和鼓舞时代的经典作品，它记录了新中国第一代青年的青春奋斗史。时隔半个多世纪，王蒙再谈他的感悟，仍激情难抑。

王蒙个人觉得《青春万岁》这本书远远不是那个时代最重要的作品，人们在编著文学史的时候也不会花很多精力来对待它，但是《青春万岁》是一直在一代代青年当中活着的作品，时至今日，它仍然不断地再版重印，平均每三年就要印一次，从未中断，前后已经发行了 40 多万册。新中国成立以后，到"文革"结束为止，文学史上有许多极其重要和精彩的图书，然而，还有哪些书目，能这样持续不停地发行着，尤其是被年轻人阅读着呢？王蒙认为，作为一部不无幼稚、多年前面世的作品，却经受住了时间的考验。这对于一个作者来说，应该是最大的满足了。

他在《青春万岁》中热情地歌颂了青春。但是看看他 20 世纪末写的《季节》系列与最近发表的《闷与狂》，则增加了一些对于青春的反思。在一次关于他的作品创作研讨会上，一位教授引用了捷克作家米兰·昆德拉对于青春的批评，认为青春易于被煽惑，易于感情用事与走极端。王蒙觉得，这些说法对于加深他对青春更全面的理解很有意义。

对于青年，王蒙先生想说的是，青春是短暂的，可谓转瞬即逝。一个人长大以后会做到许多青年时代做不到的事；但是长大以后能做到的事，却很难包括那些只有青春时期才能做到的。他已经写作了 60 多年，出版了很多作品，但是《青春万岁》是只有 19 岁时才能写出来的作品。青春与成年，互不取代，各有千秋，青春时期应该做好该做的一切事情，这就叫莫负青春。

谈人生：他是一个有光明底色的人

无论是生活上饱经磨难，还是文坛上熠熠生辉，"青春活力"与"积极心态"，几乎是外界对王蒙生活与创作上的一致评价。品读他的小说、散文或其他文学作品，字里行间无不流露着他的乐观主义情怀和积极健康心态。

王蒙讲述，他们这代人经历了一个不平凡的少年和青年时代。因为正值时代大变革，经历旧中国灭亡，新中国成立，对历史、生活有一种特别新鲜、特别向上的感受。

以他来说，11 岁和北平地下党组织建立固定的关系，14 岁就成了中共党员。1949 年，他还没满 15 岁，就成了新民主主义青年团的干部。1952 年的时候，他是中央团校 2 期的学员。时隔数年，提起这段岁月他仍是带着骄傲和激情，眉眼透着笑意自豪。他带着神秘的微笑问我："猜猜那时候给我们讲课的都有谁？讲工人运动的是李立三，讲妇女运动的是邓颖超，讲毛泽东思想的是田家英，讲哲学的是艾思奇……"

他说，这些特别的人生际遇都为他的生命涂上了"光明的底色"，让他即使在最困难、最艰苦的时候，也从没有悲观失望过。

中国的变化非常快。而王蒙他们这一代人，也就是 20 世纪 50 年代的作家，一个最大特点就是相信——相信革命的许诺，相信历史的前进，相信新中国的这些宏伟目标都能够达到。这样一种相信，王蒙有时称之为"光明的底色"。

可以看得出来，这样的底色对他这一生都有重大影响。比如他 29 岁的时候被下放到了新疆，仍然抱着一种积极的态度来对待人生，并不是就此悲观失望，甚至于痛不欲生，或者颓废堕落。

2013 年，王蒙重新整理出版的长篇小说《这边风景》，一经问世便引起很大反响，获得了第九届茅盾文学奖。书中展现了很多西域独特的风土人情。王蒙讲述了他在新疆生活整整 16 年的经历。

20 世纪 60 年代，在王蒙处于逆境的时候，他下决心到边疆去，到农村去，破釜沉舟，重新打造一个更宽阔也更坚实的写作人，打造一个焕然一新的工农化的写作人。就像王蒙在 1963 年底坐着火车带着全家从北京到新疆时所吟咏的："死死生生血未冷，风风雨雨志弥坚。春光唱彻方无恨，犹有微躯献塞边。"

王蒙到了伊犁州伊宁县巴彦岱人民公社，与维吾尔族农民生活在一起，同吃同住同劳动，并曾担任二大队副大队长。他说，如果没有新疆这 16 年的历练，也不会有后来的作家王蒙。新疆生活给了他重回文坛之后源源不断的灵感，与少数民族同胞"同室而眠，同桌而餐，有酒同歌，有诗同吟"的生活经历，成了他文学创作的重要源泉。

另外，在王蒙人生的历练上，有城市生活也有农村生活；有首都生活也有边塞生活；有汉族生活也有其他兄弟民族的生活经历。这都是用黄金也换不来的。越是在最困难的时候，他越要从中给自己找到正面的东西，给自己寻找正能量，让自己能以阳光的态度来对待人生的各种遭遇。

王蒙一直认为，喜欢写作的人有个好处，就是一切的经历对他来说都是有意义的。有好事儿当然让人高兴，遇到不好的事儿，有无奈、有悲哀，但也"不糟践"，你的人生和历练是不会浪费的。他曾不止一次地这样表达过："我爱生活，我叹息一切美好的瞬间的短促。只有文学才能使其美好的瞬间与永恒连接起来。文学是一种特殊的记忆形式。文学就是怀念，文学就是复苏，文学就是青春，文学就是人生的滋味，文学就是余音绕梁三日不绝。文学就是生命所剩余的一切。"

谈文化：传统文化值得今人学习、感悟、借鉴

两年前，王蒙出版了新书《得民心得天下：王蒙说〈孟子〉》——微言大义，细说"王解"。孔子被世人誉为"至圣先师"，孟子被称为"亚圣"，仅次于千古大圣的存在。

王蒙与我分享了他对于孔孟之道的见解。

中国传统文化中，孔孟思想蕴含着精深的政治智慧、人生哲理，流传千载，辉映古今。古代的天下大同思想之于今天的中国梦，有非常重要的借鉴意义。孔子和孟子都是有社会担当和家国情怀的理想主义者，和韩非子、荀子的现实主义有着明显区别。他们都对社会有高度的责任感，对当时的动乱、战争、阴谋、屠杀十分忧怀，同时又是在学风正劲、百家争鸣的时代，意欲力挽狂澜，并为这理想的境界献出自己一生。

孔子生活在"礼崩乐坏"的东周。那一时期，中央政权控制能力弱，诸侯之间勾心斗角，互相倾轧。身处这样的世道，孔

子更加重视人心端正的问题。

在《论语》里孔子曾引用《诗经》："棠棣之华，偏其反而，岂不尔思，室是远而。"大意就是一朵美丽的花在风中摇曳，怎么能让我不想念你，但你离我太远了。这首诗一般人会解读成一首民间的爱情诗，但是孔子的思想境界很不一样。他说："未之思也，夫何远之有？"孔子认为棠棣之花象征着人类的美德，也就是我们现在所说的人民对美好生活的向往。之所以一般人觉得它太远了，只是因为我们没有好好地去想它。《论语》里还有"我欲仁，斯仁至矣"这样的表达，同样体现了孔子的这种思想。孔子认为仁政也并不难，只要去想，去做，仁就能做到，仁爱就来了。

孟子发展了孔子的思想，他认为王统御天下这件事并不是"挟泰山以超北海"，而是"为长者折枝"。也就是说这件事并不难做到，反而它的容易程度就像为长者折枝。这里的"折枝"，朱熹认为就是指长者需要一根树枝，你走过去帮他折下来一段的意思。但到了明朝，则认为"折枝"通"折肢"，也就是鞠躬之意。无论如何解释，其实它就是指一件很容易做到的事情。因此，其实孟子也强调改善世道人心要从个人正心诚意做起，并且只要做了就能做到。

从文风、话风上看，孔子各方面论述都恰到好处，如春风化雨，亲切自然，一上来就是"学而时习之""有朋自远方来"，何等的安稳妥帖！而孟子一起头就选择了"王何必曰利？亦有仁义而已矣"，立起了利与义二分法的两大阵营。而且他使二者不可兼得，一直发展到后来，达到"生"与"义"的不可兼得，达到舍生取义的壮烈。孟子的不妥协性、尖锐性与彻底性令人振聋发聩。

王蒙说，关于孟子其人，初读感觉隔膜，再读甚觉可爱。有时候隔膜的产生是什么原因呢？因为他跟现在具体的处境、语境不一样。孟子一上来首先要分清义和利——你不要跟他谈利，他不懂利。可是实际上我们要知道，那时候他谈的利跟现在说的利并不一样。同时，孟子的言论针对的大部分都是侯、王、国君、大臣，他不是在和老百姓对话。他常说士如何、大丈夫如何，对话的是社会上层这一批人物，这是他的针对性。他常常说的是——治国者，不能把你的尤其是不能把自己的私利放在前面。所以，读孟子，需要知道其说话时具体的状态，以及和什么人在说话，就会更加明了。孟子十分敢言，并且有些话说得非常尖锐，比孔子说得尖锐，但仔细分析，在有的地方其实又非常灵活。

孟子有着磅礴的家国情怀。在《孟子》研究中，王蒙提出孟子所说的"浩然之气"，就是我们中华民族的文化自信。在笔墨之间穿越时空，与几千年前的《孟子》深切互动，王蒙重新解读传统文化对现代人、对这个时代的意义。用现代的语言来说，归根到底一个人的自信是文化自信，否则你自信什么呢？块头自信当然也很好，个子跟姚明一样高，打拳跟泰森一样猛，那也是自信，但同时那也是一种文化自信——那是拳击文化，是体育文化，是竞技文化，是搏斗文化……究其根底，那也是一种文化。

那么，孟子为什么会有浩然之气？因为他认为自己所说的话都是正气凛然，没有见不得人的。这就是孔子说的"君子坦荡荡，小人长戚戚"。孔子最强调的就是君子，在一部《论语》里讲到君子这个词有 107 处，是最多的词之一。君子就是在社会上的一批精英，他们做各种事情都要比一般人高明一筹。孔子还引用子贡的话："小人之过也必文。"就是小人犯了错，他自己一定要加以掩饰。他还说："君子和而不同，小人同而不和。"君子与人为善，并不要求苟同。小人虽然为了利益相互勾结，但背地里其实并不是一条心。

王蒙先生喝了一口茶，继续讲道，孟子还发明了天爵、人爵之说："仁义忠信，乐善不倦，此天爵也；公卿大夫，此人爵也。古之人修其天爵，而人爵从之……"用今天的话说，一个人本身的精神境界与能力是天给你的级别，而身负什么职衔，则是由组织人事部门核定的级别。人应该努力去修养自己的精神境界与能力，级别待遇则是"捎带脚"的事。不能反过来，靠级别树威信，靠级别显品德与才能，都是本末倒置。他认为，这对于今天的中国，太合适也太必要了。

近些年，对传统文化的普及学习持续升温，王蒙认为这应该说是现代人们心中不灭的一种怀念，怀念中华文明的奠基——启蒙阶段。恰如一个人在躁动焦虑、心有所感的青年时期，回忆、向往自己单纯快乐的童年。并以这种奠基——启蒙阶段的元素，提炼其生命中的纯粹！

历史上的一种文明、一个朝代，在它的初始化阶段大多是生机勃勃、引人入胜的，而繁华落尽，过了一个时期，各种僵化、老化、空化、异化、腐败与病毒入侵的现象渐渐滋生，甚至成为痼疾。于是，不失其赤子之心的孔孟竭力要求回到尧舜时代，而庄子干脆要求回到更古老的前神农时代，老子的希望则是人人回到婴儿时期。这里的复古怀旧是现象，批评现实、要求调整变化、适应挑战、恢复活力、重新从零开始做起，这才是实质。

所以，我们今天的传统文化回归复兴，绝不是为了复古怀旧，而是因为中华文化、孔孟文化中蕴含的政治智慧、修身做人的道理，值得我们今天的人去学习、感悟、借鉴。读得多了，就会发现我们现在很多思想和远古智慧都是相通的。比如孟子所讲的面对诱惑"取则伤廉"，其实就是我们现在的廉政文化。而儒家思想所构建的大同世界，则与我们今天的"中国梦"和"建立人类命运共同体"异曲同工、同样美好！

岁月永不老，白首也青春。85 岁高龄的王蒙，仍是当年 19 岁笔下挥洒"青春万岁"的青春神采。对今天年轻的人们，他给予的还是那激情澎湃的诗句：

所有的日子都去吧，都去吧，在生活中我快乐地向前，多沉重的担子我不会发软，多严峻的战斗我不会丢脸。

有一天，擦亮了枪，擦亮了机器，擦完了汗，我想念你们，招呼你们，

并且怀着骄傲，注视你们。

…………

和王蒙先生交谈，感觉他是一个内心丰富、外表又极其简明的人。他说起话来，仍然散发着青春的激情，思维也十分发散，话题不单是小说方面，还涉及诗歌散文，以及古典文学等等。

虽然他已经 80 多岁了，但还是孜孜不倦地学习，不停地接受新事物。他在自己的《八十自述》中写道："耄耋初度复何之？键雨书潮堪自持！忧患春秋心浩渺，情思未减少年时。"中国文联、中国作家协会主席铁凝曾经这样评价："贾平凹在一个场合说过：我是一个农民。王蒙就说如果任何人都给自己一个定义的话，我想我自己是一个学生。这句话对我的印象特别深刻，让我对他充满敬意，因为这绝不是虚假的谦虚。这要比他说自己是一个学者来得真切。历经苦难后永不言败的激情、活力、情感、智慧、燃烧，这些词用在他身上并不过分，这些都是令人感佩的。"

那么是否可以这样理解：王蒙象征着我们民族文化精神的最健康的一个细胞，根基中正活力浩然，不腐不蠹，不衰不老，是人生旅途最珍贵的参照。

人物简介

王蒙，男，河北南皮人。1934 年 10 月生于北京。中国共产党第十二届、十三届中央委员，第八、九、十届全国政协常委。中国当代作家、学者，文化和旅游部原部长，中国作家协会名誉主席。曾任中国海洋大学顾问、文学院院长，兼任南开大学、浙江大学、新疆大学、南京大学、北京师范大学、中山大学等校教授或者名誉教授。

著有长篇小说《青春万岁》《活动变人形》等近百部小说，其作品反映了中国人民在前进道路上的坎坷历程。曾获意大利蒙德罗文学奖、日本创价学会和平与文化奖、俄罗斯科学院远东研究所与澳门大学荣誉博士学位、约旦作家协会名誉会员等。作品被翻译为 20 多种语言在多国发行。

王晓棠：我是一个兵

　　从《神秘的旅伴》中的小黎英，到《野火春风斗古城》中的金环、银环；从《英雄虎胆》中的女特务阿兰，到《海鹰》中的民兵连长玉芬……著名电影艺术家王晓棠为我们留下了珠串般金灿灿的芬芳记忆。采访王晓棠，是我计划已久的工作任务。6月初的北京，天朗气清，繁茂苍翠的大树洒下一路浓荫。3日至8日，趁着在北京参加中宣部培训班的间隙，我来到王晓棠在八一电影制片厂的工作室。

　　王晓棠，专业技术一级，中共十四大代表，第八届、九届全国政协委员，中国影协副主席，八一电影制片厂厂长，少将军衔。王晓棠在20世纪60年代，是影坛上最耀眼的明星，后以厂长的身份，组织创作了《大转折》《大进军》《较量》等一批极具影响力的精品力作。从走上电影艺术道路那一天开始，王晓棠的一生，都在为中国的电影事业而奋斗。

　　如此辉煌的轨迹，又有着怎样的起点呢？

当兵，你敢不敢

很小的时候，王晓棠就显现出了出众的才华，人长得漂亮，文章写得又好。她祖籍苏北，生在开封，长在重庆，曾经代表重庆市巴蜀中学参加讲演比赛，夺得了全市第一名。王晓棠的班主任刘家树，是周恩来领导下的党组织派往学校建立支部的地下党员。刘家树惊叹于晓棠的天赋和才华，叮嘱她一定报考"上剧专"（即上海戏剧学院的前身），可去找校长熊佛西。

1948年春，王晓棠随父母回到了南京。同年冬天，举家迁居杭州，就读于浙江省立女子中学。毕业后，她遵照刘家树先生的建议，决定报考上海剧专。因对上海不熟，晓棠母亲的朋友吴鸿翼辗转托人，联系到了著名演员赵丹的妻子黄宗英。黄宗英热情地接待了晓棠，但遗憾地告诉她，表演系今年不招生。

看着一脸失望的王晓棠，黄宗英笑着问她："当兵，你敢不敢？"当时正值抗美援朝战争，参军意味着可能去前线打仗。18岁的王晓棠想都没想："敢！"

黄宗英说，我大哥黄宗江在部队工作，过几天就要从北京来上海招人。黄宗英让王晓棠耐心等待。结果，这一等却等来了另外一位贵人——赵丹。

几天后，王晓棠又如约来到黄宗英家里。两个人正在客厅聊天，一个中年男子腋下夹着一卷草席，从屋里走出来。王晓棠一看，这不是赵丹吗！她头年刚看过电影《武训传》，几乎就在同时，赵丹也发现了王晓棠。他稍作犹豫，便从门口折了回来，热心地跟王晓棠聊了一个多小时，这一聊，就发现了她在京剧方面过人的才华。

王晓棠有着扎实的"梨园功",曾经师从京剧名伶郎定一,不仅能演《红鸾禧》《铁弓缘》,还能演昆曲《春香闹学》《游园惊梦》等戏。见到赵丹时,她已会30多出戏。

当时,军队正建总政文工团,拟设歌舞团、话剧团、京剧团、越剧团、杂技团,来上海就是邀京剧和越剧的名角。黄宗江负责邀越剧团的。赵丹建议王晓棠,一定要去总政京剧团。

设想虽好,事情的进展却有波折。黄宗江告诉赵丹,当时解放军总政文化部部长陈沂说了,这次只邀名角,就连大学生都不考虑,甭说高中生了。用黄宗江的话说,王晓棠"门儿都没有"。赵丹把黄宗江拉到一旁很坚定地说:"这个女孩儿,你们一定要收!她现在不是名角,将来她会超过很多名角。"黄宗江被赵丹的坚持所打动,决定跟王晓棠聊几句。结果这一聊,发现王晓棠在京剧方面确实天赋异禀,于是写了个条子,将王晓棠推荐给邀京剧名角的人。

更有意思的是,来上海的小组给陈沂部长打电话,详细汇报情况并说他们发现了一个出色的女孩儿,当时长途电话费很贵,陈沂看了一下表说:"算了算了,你们说了这么久,这电话费已经超过你们回北京的旅差费了,回来汇报吧!"听了当面的汇报,陈沂终于拍板说:"如果她真是个人才,革命大熔炉嘛,我们可以培养锻造她。好,这个娃娃我们收了!"就这样,王晓棠被特招进了京剧团。1952年9月23日,她踏上了北去的列车。

当王晓棠入伍的通知书下来时,父母才知道女儿守了很久的秘密。去北京那天，晓棠的妈妈很舍不得女儿，就跟黄宗江说："让我女儿留下吧，那边太冷了！"黄宗江说："伯母，您就放心吧，把她交给这七个字——中国人民解放军，错不了！"

就这样，这个聪明伶俐、才貌出众的 18 岁姑娘，开始了她一路灿烂的人生。2002 年，在王晓棠参军 50 周年的朋友聚会上，黄宗江玩笑似的说："没想到我这个小干部，居然招了个大将军！"

去吧，你能行

王晓棠到京剧团以后，正赶上 1952 年全国扫盲，当时团里的人包括很有名的演员文化程度都低，全团测试就属王晓棠的文化程度最高，她成了兼职文化教员。

她每天 5 点起床练功，练完功之后再跟大伙儿一块开展文化学习。她批改作业常常到凌晨 2 点。结业的时候，大家集体为王晓棠报请了三等功。

1953 年京剧团奉命前往大西北部队进行慰问演出，当时演的都是折子戏，战士在内容理解上有些难度，所以需要一个报幕员，将每出折子戏的内容向观众介绍清楚。王晓棠形象靓丽，口才伶俐，成为报幕的不二人选。大西北八个月，从酷暑到严冬，王晓棠每晚都在露天广场报幕，受到广大官兵的欢迎。回忆起这段经历，王晓棠幽默地说，过后才知道，原来自己不是靠演电影出名的，而是靠报幕出名的。

当时所有的部队、地方文工团，都照着王晓棠的标准来选报幕员。回京后，总团领导们看了汇报演出，很快将王晓棠调到了当时最火的话剧团。王晓棠到了话剧团不适应，她喜欢京剧团刻苦练功的氛围。到了话剧团，她还是每天早晨坚持练功，一直练到"文革"不能再练了为止。

王晓棠的特点是，干什么都十分努力，干就要干好，管化妆，跑群众，都十分认真，勤奋刻苦成了她一生的习惯。王晓棠说："要认认真真，不得有一丝一毫马虎地对待，哪怕是最短暂的一个镜头、台词里的一个字儿。搞艺术，你付出千倍万倍的努力都未必成功，何况根本不努力。"

1955年元旦，团里放了3天假。雪后的北京格外冷，大家不是在睡懒觉，就是在烤火炉。王晓棠穿着单薄的衣裤在操场上压腿。这时从大门外来了两个不速之客，改变了王晓棠的命运。过了两天，王晓棠在食堂拿着饭盆正要吃午饭，坐在她对面的演员里坡（饰演过《回民支队》的马本斋）说："晓棠，你知道吗？长春电影厂来了两个导演，要你去拍电影。女主角他们选了好久都没有合适的，最后定了你。"

拍电影，对王晓棠来说很意外，甚至有些不知所措。里坡鼓励她说："去吧！你能行！"这么多年过去了，王晓棠回忆起当时的情景，还是红了双眼。"我一下子就把头低了下去，眼泪噼里啪啦地掉进饭盆儿里，因为从来没有人和我说过这么温暖的话。"

从《神秘的旅伴》到《边寨烽火》

过后王晓棠才知道，那天来的两个人，一位叫林农，一位叫朱文顺，他们要合拍一部电影《神秘的旅伴》。他们选了很多女演员，都感觉不合适，便到北京来选人。跑遍京城，听说总政京剧团有个报幕员特别棒，就从京剧团找到话剧团。就这样，开启了王晓棠神奇的电影之旅。

谈到首次拍电影，王晓棠这样回忆："当时被选中到长影拍电影的事情在话剧团传开后，有个女演员不以为然，说去吧，试试，不行，再卷铺盖回来。我心里憋了一口气：一定把这个角色演好了再回来。"

就这样，王晓棠踏上了从北京开往长春的长途火车，来到位于红旗街的长春电影制片厂。首次拍电影的王晓棠，起初并不顺利。因为长影有那么多女演员，能歌善舞的有，演过很多戏的有，结果弄了一个什么都没演过的"生坯子"来，大家都很不服气，不欢迎她。

王晓棠提醒自己只能成功，不能失败，否则既对不起导演林农，自己也没法回团。所以王晓棠特别用功，特别虚心，对自己要求非常严格。1956年春节期间，《神秘的旅伴》全国公映，王晓棠扮演的"小黎英"一炮走红。她一袭薄纱轻挽发际的照片，以特有的神韵定格在人们的记忆里。

一天，传达室的老陈在门口喊："晓棠，你的汇票。"王晓棠接过一看，是一张300多元钱的汇款单。那个年代工资都很低，300多块钱算是一笔巨款了。钱到底是谁汇的呢？王晓棠一时云里雾里。后来才知道，《神秘的旅伴》这部片子得了"好快省"奖金，特别奖励了王晓棠。当年的《大众电影》专门采访了她，照片还上了杂志封底。

王晓棠并没有骄傲，反而更加谦虚，更加勤奋。当时卸妆用的纱布特别难洗，都是厚厚的油彩，她一次洗几十条。她仍旧像以前一样跑群众，装油彩盒。王晓棠回忆道："我觉得，一切才刚刚开始，我还有很远的路要走，谦虚谨慎这个意念一直伴随着我。"

1957 年的一天，王晓棠正在排话剧，突然有人跟她说，林农导演在电影招待所等她。见到王晓棠，林农开门见山："我刚刚从昆明飞过来，我们正在拍一部彩色片，已经拍了将近一半，女主角戏不行，想换成你。"

这是长春电影制片厂的第一部彩色故事片《边寨烽火》。当时国内还没有彩色胶片，是花外汇从德国进口的，非常昂贵，而且这部影片是要拿到国际上去参赛的。中途换将，对林农还是王晓棠来讲，压力都十分巨大。但林农和王晓棠两个人有一份默契：只能成功不能失败。

影片的摄影师叫聂晶，是《神秘的旅伴》的摄影，后来也拍过《青春之歌》等很多好片子。聂晶知道剧组里对更换女主角看法不一，于是向导演建议，将技术掌握的镜头变成女主角的特写来证明换上王晓棠是正确的。林农对王晓棠说："现在拍一个你的特写镜头：丈夫跑过界河，到国民党那边去了，你思念他——预备——开始！"

云南遍地鲜花，王晓棠低头摘了一朵花，抬起头时已是泪流满面，几秒钟就进入了创作的氛围。现场的人鸦雀无声，好多人都看呆了。

王晓棠用实力证明了自己。若干年后，林农导演在中央电视台采访他时说："这个王晓棠，她的镜头，她的眼泪就像自来水管，一开龙头就有，要大就大，要小就小。"

我是一个兵

1958 年 3 月，王晓棠从总政话剧团调入八一电影制片厂。在八一厂期间，王晓棠的事业更是得到了进一步的提升，在电影《英雄虎胆》中，她扮演了女特务阿兰。这是一个完全颠覆以往形象的角色，她那美丽容颜婀娜身姿演绎的伦巴舞，迷倒了那个时代的所有人。

在此之后，她相继出演《海鹰》《鄂尔多斯风暴》等优秀影片，成为家喻户晓的电影明星。1963 年，电影《野火春风斗古城》上映，王晓棠一人饰演孪生姐妹金环和银环，再次成为亿万观众瞩目的焦点。1964 年，王晓棠荣获中国电影第三届"百花奖最佳女演员奖"，那一年，部队观众投出的 10 万张有效选票中，填写的竟全是王晓棠一个人的名字。

1992 年 9 月，经过岁月磨砺、军旅熔铸的王晓棠，成为八一厂有史以来第一位女厂长，也是中国电影史上唯一跻身女将军的演员。

尽管一路走来，风光无限，但是王晓棠一直保持谦虚低调的作风。在中国电影博物馆为她举办的专题展上，有这样一段话：她是明星，她是艺术家，她是将军，但她自己说："我是一个兵。"

是的，王晓棠始终这样提醒自己：我首先是人民军队中的普通一兵。1958 年电影《边寨烽火》上映的第二年，王晓棠因在片中的出色表演，获得第十一届卡罗维·发利国际电影节颁发的大奖。按照斯拉夫语翻译过来，应该是"优秀青年艺术家奖"，也可以翻译成"优秀青年演员奖"。但王晓棠一直把它说成是"青年演员奖"。

得奖后，有记者找到八一厂剧团团长，说要请王晓棠写一篇文章，谈谈获奖的感受。王晓棠婉言谢绝了，她说："本来这个角色不是我的。我演了得了这个奖，我要不演，别人演可能也会得奖。"

王晓棠在很多场合都讲，其实她有很多盲区，很多事都不懂。她最反对倚老卖老，曾经说过：年轻的时候你很平常，好不容易熬到老了，人家把你当成老艺术家，实际上你要反思自己够不够这个称号。人家那么说你，也可能是敬辞，你自己就当真了，这可不行。我一直不认为我是什么老艺术家，我还有很多差距，怀着这种心态，我就会活得轻松些。我只不过是一名军人，演了多年的电影，后来转岗，从演员到导演、编剧，后来又当厂长。我不是在当官，只不过是换了个岗位，有机会为大家提供更多的服务，培养更多的人才。

青春是一种意念

十年浩劫，王晓棠也未能幸免于难，在林场接受监督劳动。家破人亡，痛失爱子，给王晓棠很大的打击，但并没有击垮她。坚忍乐观的性格，使饱受磨难的王晓棠永葆青春活力，成为电影艺术领域的常青树。关于"青春"，她有两个方面的理解。

首先,青春是美丽的,青春是美好的。同时,青春也是稚嫩的,是需要呵护的。结合自己年轻时的经历,王晓棠特别理解年轻人,特别珍惜有才华的青年人。当上八一厂厂长后,她大量提拔起用年轻人,为人才的传承接续发挥了很好的作用。王晓棠既是演员出身,又当过编剧、做过导演,能编能导能演。她把所有的经验,无私地传授给年轻人,让自己成为这些年轻人坚实的后盾。

王晓棠对青春的另一个理解是:青春是一种意念。你只要永远怀有一种追求,你就永远拥有青春。所谓永葆青春,就是永怀青春的意念,如果你没有这个意念了,哪怕你正值芳华,也会显得垂垂老矣。要想青春常驻,就要自己一直有一种生长的东西,永远充满好奇,崇尚创造。

王晓棠特别喜欢塞缪尔·厄尔曼的一篇名为《年轻》的文章,她还为我们朗诵了一段:

年轻,并非人生旅程的一段时光,也并非粉颊红唇和体魄的矫健。它是心灵中的一种状态,是头脑中的一个意念,是理性思维中的创造潜力,是情感活动中的一股勃勃的朝气,是人生春色深处的一缕东风……

一定有比金钱更贵重的东西

谈到中国电影,王晓棠认为这个问题很大很难谈。她说:"现在人们都在抱怨浮华太多,向往真朴之情。我想,人间总是有一种东西比金钱更可贵。这正是我们想通过作品表达的一种平凡而又崇高的精神境界。"

王晓棠除了植根八一厂，还先后在长影、上影拍过影片，改过剧本。她深知当时四大厂的规则，当时的演员只有一条，用功拍好戏。目前，中国电影市场还需要进一步规范。她认为，电影是文化强国和中华民族伟大复兴不可缺少的重要组成部分。然而，随着电影的产业化，投资门槛过低，谁有钱谁就可以投资，谁投资谁就可以指手画脚，就可以指定演员。一些片子的格调问题，一些演员的身价问题，一些制片方简单拼流量、拼颜值、拼小鲜肉等问题，被媒体和观众吐槽，影响了观众对行业的信任度。这必将损害应有的规则，失去电影市场应有的规范。中国电影要从大国转变为强国，必须解决好电影市场的规范化问题。

做导演时，王晓棠一直坚持培养新人的原则。她认为，如果所有导演都喜欢用现成的，演、导、编等等要价越来越高，最后变成了无休无止地追求金钱利益，忽视了社会效益，就无法实现电影事业的可持续发展，也偏离了文艺为人民服务的初心。

对于电影从业者来说，要从根本上解决一个问题，那就是理念和宗旨。票房固然重要，但电影还有一个更重要的功能，那就是社会功能。

王晓棠一直提倡，电影人要懂得培育观众，提高观众的鉴赏能力。不能一味地迎合低层次的需求，越迎合越差，最后的结果就是流于粗俗。

习近平总书记指出，社会主义文艺是人民的文艺。新时代，要发扬学术民主、艺术民主，提升文艺原创力，推动文艺创新。倡导讲品位、讲格调、讲责任，抵制低俗、庸俗、媚俗。这需要电影人从一点一滴做起，提高电影受众的审美水平。天下大事必做于细，要从最小的小事做起。

这就是一个艺术家的理念，王晓棠愿意与所有的年轻电影人共勉。

吉林是我的福地

当我问起她对吉林的印象，王晓棠满含深情地说："吉林是我的福地，我对那里充满了感情。"

长春是中国电影的摇篮，也是王晓棠电影梦开始的地方。

1955 年，王晓棠被导演林农选中，只身来到长春电影制片厂，出演了她的第一部电影《神秘的旅伴》，她那美丽清纯的形象永远定格在吉林人的脑海之中。

1992 年王晓棠担任八一厂厂长之后，深感责任重大，使命艰巨。当时八一厂厂领导中，多为纪录片出身，她非常需要一个懂故事片的副厂长。王晓棠非常感谢吉林省委的大度与支持，使长影一位副厂长经总政干部部门考察，调入八一厂，成为她的得力助手。

王晓棠认为，吉林有一个特色，农村题材的影视作品拍得好，有生活，接地气。现在很需要现实题材的电影，而且要真正深入生活，沉下去。王晓棠觉得长春很有优势。

2010 年，王晓棠担任第十届长春电影节评委会主席。

2015年，在吉林市，王晓棠荣获第十三届中国电影金鸡奖终身成就奖。

关于王晓棠和吉林的故事，一直在续写……

见到王晓棠，她给我的第一印象，就是优雅从容，以及岁月不能抹去的美丽。让我无法确信，这是85岁高龄的老人。在她的身上，仿佛有一层可以照亮别人的光晕，或者称之为气场，不过我更愿意认同晓棠老师的说法，这是青春，永恒在真正艺术家内心的意念。

在整个交流过程中，她思路清晰，语言生动。提到一些往事发生的时间和细节，她都记忆犹新，说起来绘声绘色。中间她还想着嘱咐工作人员，给等在门外、开车陪我来的朋友送去水和冷饮。

告别晓棠老师出来，已近晚上9点，夜色中依依惜别，车子开动了，她的手臂仍在橘黄色的路灯下挥动着。车行缓缓，路灯从后向前延展，仿佛温暖的容颜，关怀着过去和未来。

路上我一直在思考，我们所处的时代需要什么样的艺术？时代精神的塑造需要怎样的艺术家？

纵观王晓棠成长的道路，她的付出，她的荣耀，虽然有艰辛，成就却是巨大的。当年的人民军队，不仅是大熔炉，也是个大学校、大家庭，要求严格，风气端正，能够培养有共产主义信仰、乐观向上的精神。人生的目标，事业的方向，一辈子的道路，都很明晰。

军队的熔炉把王晓棠熔铸成了纯金，因此她的心灵，她的才情，能够散发出耀眼的人格的光辉，这才是完整的美。这样的精神，融入这样的美，正是我们这个时代应有的。

人物简介

王晓棠，女，江苏南京人，1934年出生。电影艺术家。中共十四大代表，第八、九届全国政协委员。1992年任八一电影制片厂厂长，少将军衔，专业技术一级。

表演代表作品有，影片《神秘的旅伴》《边寨烽火》《英雄虎胆》《海鹰》《野火春风斗古城》。编导代表作品有影片《翔》《老乡》《芬芳誓言》。1962年被评选为中国电影二十二大明星之一。2005年中国电影百年之际，国家人事部授予"国家有突出贡献电影艺术家"称号。2015年获中国电影金鸡奖终身成就奖。

任八一电影制片厂厂长期间，领导全厂协调全军摄制出军事巨片《大转折》《大进军》系列，连同任副厂长期间的《大决战》，成为解放战争形象的军史党史，载入中国电影史册。同时组织领导摄制出百部以上的优秀故事片、纪录片、军教片，创造了八一电影制片厂的第二度辉煌。

2017 年 10 月，中国电影博物馆举办了中国第一位女影人大型专题展《王晓棠：我是一个兵》。

于丹：家风和畅，明德兴邦

北京师范大学校园内，每一条小路的命名都富有深意。东有乐育路，西有辅仁路，北有励耘路，南有立身路。启功先生亲笔书写的"学为人师，行为世范"的校训，更是粲然昭著随处可见。这些文字的名和义有着共同的指向：育人、树范。徜徉在这样的道路上，心中自然会有所思有所想：培育人才树立典范，固然是教师与学校的义务，但同时更是家庭乃至国家的职责。

背着双肩包每天匆匆行走在林荫路、穿梭于课堂间的于丹，正是背负着这样的责任，坚守着一份执着。

2013年，她登上《百家讲坛》，阐幽发微，气定神闲，把大儒孔子的人生理想，行云流水般地展示给全国乃至世界。10年间，在继续挖掘国学的当代价值之外，又积极尝试传统文化价值传播的有效路径。于丹始终专注于传统文化的大众化普及，在她看来，文化的接续和文脉的传承，离不开家教门风所赋予的厚重内涵与生动示范。

于丹，北京师范大学教授、博士生导师、首都文化创新与文化传播工程研究院院长、北京师范大学艺术与传媒学院党总支书记、国务院参事室特约研究员，同时也是古典文化的普及传播者。

十年饮冰，难凉热血。一直主张"国学应流淌于血脉中"的于丹曾说，向君子借智慧。如今，于丹要说，让家风定坐标。

家与人：家风带给她最美的时光

一个人不管走到哪里，家都是永远回得去的地方。当一个人从他的家走出来，他身上带着全部家庭历史的总和。这一点是真实无欺的，包括他的家庭关系、父母的为人以及家里的规矩。

问及于丹对于家的定义，她说："家，就是曾在大时代里为她遮风避雨的小窝。"于丹幼年正值"文革"期间，父母都被下放，是姥姥将她亲手带大。在于丹上小学之前，姥姥给予她的教育相当于读了一个小私塾。那是一个躁乱动荡的年代，没有一个像样的幼儿园，姥姥担心小于丹出门受欺负，于是带着她在北京城府右街的那个四合院里，走过整个童年。院子的对面就是中南海的高高红墙，每天都有浩浩荡荡喊着口号的人群川流不息地从家门口经过。就在这一墙之隔安安静静的小院里，姥姥教她读唐诗宋词、写毛笔字，一字一句，一横一竖，带给她这沧桑时代最初的安顿。

其实记忆总也不会老，许多在青春时代看似淡忘的童年往事，若干年后却一件一件呼之欲出，历历如绘。穿过岁月的断层，于丹向我栩栩讲述那段尘封的旧时光景。

　　她最早学写字，是为了给被下放外地的妈妈写信，这件事至今仍被家人屡屡打趣。在于丹4岁的时候，给妈妈写了一封歪歪扭扭的长信，叠起来装进信封，信封上写着"大皋村妈妈收"，然后就直接扔进邮筒里去了。

　　在那场浩劫中，有太多家庭支离破碎、颠沛流离。爸爸妈妈天各一方，而幼小的于丹，也失去了一个完整的家。伴着不安和困顿长大，童年的于丹，心里有着一个又一个疑问。这种情况下，只有书让她获得安全感，使她的心灵得以摆脱孤独。于丹说："人总要有一点亘古不变、觉得安全的东西。"她是那一代人少有的"独生女"，在那样的时代大背景之下，即使她的父母在"文革"下放期间多年没有与她见面，但她仍然深受家风浸润，并因此而受益终生。

　　家风带有鲜明的家族特征，是一种家庭文化，这在很多地方都有体现。我十几岁的时候给村子里的乡亲们写春联，写的最多的就是"忠厚传家远，诗书继世长""守祖宗清白二字，教子孙耕读两行"。在一个风气清正质朴、善良守信、进取宽厚的家族，每个成员都会视家风为最珍贵的瑰宝，也会终生为之自豪。

　　岁月不居，时节如流。在童稚时光深处，姥姥给了于丹成长所需的全部安全感。尽管她说，姥姥这个人规矩挺大。姥爷去世时，姥姥还不到40岁。那么年轻的一个女人，拖儿带女，何其艰难！当时就有人说，张家少奶奶这么年轻，人又漂亮，一定会改嫁。姥姥本姓董，但她自己去警察局把名字改成"张君佐"，以此明志——为了这半世恩爱，一定替丈夫把孩子拉扯大。

　　那时候于丹的母亲才刚刚12岁，是家里的老大。有人建议，张先生留下这笔抚恤金，把大丫头养到十五六岁，就让她干活去吧，剩下的积蓄好供男孩上学。姥姥却坚决反对，她说："那么做对不起我先生，这笔抚恤金儿女都得用。"这以当时的条件来说，简直是种妄想。于丹的姥爷原来是做电信工作的，他的过世，家里的顶梁柱瞬间坍塌。姥姥写一笔漂亮的蝇头小楷，白天教人读书写字，晚上整夜整夜地做针线活，靠这些零散的收入支撑这个家，姥爷留下的抚恤金一分也不动。于丹深有感触地说："那时女孩子普遍都不念书，妈妈却能上大学，现在想来，实属不易！"

于丹回忆，姥姥对妈妈说："你要上什么大学，妈都供着你。"妈妈说想学医，她的想法是如果家里有个医生，姥爷就不会那么早离开他们。姥姥说："成。"周围所有的人都觉得姥姥疯了，医学院学习时间长，花费也高，"一个丫头，你供她学医，她弟弟以后怎么念书？"姥姥却说："我丫头有志气，我供得起！"于丹的妈妈是原辅仁大学毕业的，上学时非常勤俭，为了省下每分钱，实验室的青蛙她从来不用，自己去后海捕青蛙来做实验。穿的鞋都是自己做的，从不出去买鞋。后来于丹的舅舅从北京四中毕业后上了中国人民大学，当教授的时候才30多岁。于丹的妈妈、舅舅、姨妈，结婚以后都不离开姥姥那个小院，在他们心里，这个小院就是他们的根，妈就是天。

在于丹的家庭里，父母、舅舅都是知识分子、国家干部，在外面是见过世面的人，但是在家里他们对姥姥有根深蒂固的礼数和敬佩。什么是门风？在姥姥的身上，于丹看到了中国文化中特有的厚重与积淀：知书达理，明辨是非，尊老爱幼，与人为善。

　　回忆飘过十里长街的风檐，于丹带着温情和眷恋，向我分享了一些属于那个小院特有的温暖。

　　当时有对小两口租他们家四合院的西厢房，从结婚起就住在那儿，他们在一起做了十多年邻居。姥姥煮饺子有个规矩，第一盘一定是"给西屋送去"。姥姥揉面、和馅，一定要把给人家的那份儿带出来，她就是觉得吃独食儿是件很丢人的事情。然后于丹和表妹把饺子给那小两口送过去，那时他们工资紧，还带着俩孩子，但他们总是把盘子腾出来，拿一捧花生、一把瓜子或几块水果糖、果丹皮，从来也没让她和表妹空着手回去。

　　每月月初交房费的时候才有意思，那位阿姨每次来他们家都会说："大妈，我来交房租。"姥姥就会说："孩子，没这么着急，这个月你家孩子生病了，你攒两三个月再交，干吗月月来呀？"阿姨就会说："那哪儿行啊，这到日子了。您放心，我们家怎么过日子，我算计着呢，我不能误了您这儿。"印象里，这十多年，俩人一直这么推来推去。小两口也吵过架，吵架了就直奔姥姥这儿，姥姥数落他们跟数落自己儿女一样。那时于丹觉得，姥姥在西厢房还有一对儿女，同妈妈、舅舅一样的对待。在柴米油盐之中，是幸福的深度和温度。

　　于丹说，特别怀念他们那个家，那个小院里的春夏秋冬，就像我送给她的我的一本诗集的名字一样——《最美的时光》，那是她记忆里最柔软的地方。家教门风是于丹近两年一直倡导的话题：中国门风的传和习。传，是传承；习，是执行。它是你在那个沧桑年代所有的安顿，它能在贫瘠岁月链接起最富裕的亲情。

家与国：退可修身，进可兴邦

习近平总书记说过："家庭是社会的基本细胞，是人生的第一所学校。不论时代发生多大变化，不论生活格局发生多大变化，我们都要重视家庭建设，注重家庭、注重家教、注重家风。"家风是家庭的精神内核，是社会的价值缩影。于丹向我谈及她对于家风与社会之间关系的理解，以及它们的意蕴。

什么叫传统文化？走到今天，她不禁发问，我们过的是节日还是假日？放个假，大家在家歇歇、聚聚，就完了。那么仪式感呢？越来越淡薄了。她认为，仪式感，就是大家真要把节当个节过。

爆竹声中一岁除，春风送暖入屠苏。也许是声像记忆，每当想起那时的画面，她的耳边仿佛也泛起在姥姥家院里的那些声音，欢天喜地，热热闹闹，她觉得那才叫过节。小时候大家日子过得都紧，谁的工资都不多，但那个时候觉得大家过得特富裕。过年时，姥姥在厨房领着妈妈、姨妈、舅妈包饺子，她们擀的饺子皮唰唰飞着，舅舅带着他们这群不会包饺子的小孩儿捏小兔子。包饺子的时候也是流水席，第一锅、第二锅饺子出来，全都先往邻居那儿送，诸事安顿好了，大人们会跟姥姥说："妈，陪您喝两盅。"然后会用谚语表达祝福："饺子就酒，越喝越有。"孩子们则叽叽喳喳地都围在四周，真正是其乐融融。

车马纷纷白昼同，万家灯火暖春风。这样的仪式感在元宵节的时候特别强烈。他们会买那种方块芯，自己在家揉元宵吃。北方的元宵南方的汤圆，北方是吃青红丝桂花馅，奶奶家是吃南方那种黑芝麻的，因为奶奶是上海人。不管南方北方，那时都没有人去超市买速冻的食品，都是在家自己动手做。小孩特别喜欢参与的仪式感，那种红红火火、各安其乐的情景，星空下是千家万户的灯火，灯火里是暖洋洋的团圆和幸福。

到了端午节煮粽子，送的就不仅仅是一个院子，而是整条胡同。端午时节，天气渐暖，家里有一棵大海棠树，漂亮的海棠花落到地上，扑扑簌簌的。院子里还有一棵大枣树和挂满榆钱儿的大榆树。姥姥捧着一大盆江米，坐在树下的马扎上，捋着一大摞一大摞的苇叶。于丹和表妹一个拿着红绳，一个拿着蓝绳，看着姥姥教妈妈和姨妈怎么把粽子包得立立正正，把6个角压得漂漂亮亮。小枣的捆红绳，豆沙的捆蓝绳，白粽子捆绿绳，煮好了，就捧着笸箩，整个胡同挨家挨户送过去。

节日是什么？在于丹的心里，节日首先就是亲情，也是大家的交情。节日中，大家能有个礼俗，礼尚往来，热热闹闹、红红火火。那时街坊邻居走动特别多，日子虽然穷，但所有的节都过。那时不兴买礼物，所以大家过节的时候做东西，都互相比着看谁家的花样更漂亮，人跟人之间都有份敬意。那时于丹的家里有个大院子，在上学以后，院里常年支着桌子，有好些同学都来这儿做作业。谁家家长来了隔着院墙喊一声，孩子就噔噔噔跑回家了。老北京胡同的街里街坊，彼此之间都有一种安全感。

虽然没有人能幸免于那个时代的劫难，但在于丹的记忆里人情仍然是温暖的。这种美好，甚至在小孩子玩的游戏中也有所体现。传统文化中留下来的人跟人的相互信任、伦理亲情、家教门风，不应坍塌，必须珍惜。如果没有家教门风，人和人之间，彼此纷争就无可避免，这就是人世间的劫难。

小时候，小女孩扔沙包、做游戏，虽然有竞争，但都遵守规则，谁敢耍赖，大家就不带她玩。现在的孩子，一人一个滑板车或者平板手机，各玩儿各的，缺乏集体游戏。反而有时是他们这一群中年家长，带着孩子们跳皮筋。于丹笑着说，曾经她问女儿怎么不跳皮筋呢？孩子的回答是："老妈你'out'了。"

当今孩子们的游戏没有集体感，也缺乏规则意识。于丹常常会沉思，这个时代，人与人会有一种新的关系，但人与人之间能够触摸得到的那种温暖，到底在哪里？她很怀念二十世纪六七十年代，人与人之间有本能的信任，每个家规矩都很多。姥姥就是一个规矩特别大的老太太，其实她守寡多年，脾气挺大、也有点怪，但所有这一切，儿女是没有违逆的，作为长辈，她确实是一言九鼎。

于丹说她现在常常做一个关于姥姥临终前的梦，也许这个梦会陪她一辈子。15岁那个初夏，在她初三毕业考高中的时候，80岁的姥姥胃里长了一个肿瘤。在考试的那一周，她胃里的肿瘤破了，吐着鲜血。直到最后，她都不让儿女们在房间陪她，他们看见的她永远衣袜干净，整洁端庄。考试前去学校的那一天，姥姥已经没有力气下床了，她在一个大白搪瓷缸子里吐了半缸子血，怕人看到，就藏在床后头。于丹临行向她道别的时候，姥姥头发梳得整整齐齐，坐在床沿上，叫着她的小名，在她手心里放了个橘子。她说的最后一句话是："孩儿啊，上学去吧。回来的时候姥姥还在这儿等你。"

这是姥姥一辈子唯一的一次失信。等于丹回到家，妈妈说姥姥留下话，要先考试，考完试再去看她。那时候谁敢不听姥姥的话？终于考完的时候，她才知道姥姥已经过世了。姥姥临终前，医生说，把家里她最喜欢的孩子叫来吧，见最后一面。姥姥最后留给妈妈和舅舅的话是，"孩子们都在考试，我要让孩子们日后想起奶奶、想起姥姥，永远是最后坐在床沿上、送他们上学的样子，我不想吓着孩子，我不想让孩子们看到我现在这个样子，以后想起来会难受的，我不见他们了。"

姥姥的这个决定，家里没有人能反对。她非常疼爱于丹，但最后这一眼，姥姥就忍得住，不见。这是一个长辈留给孩子的做人尊严，是可以影响孩子一辈子的，到了任何时候，人都要有尊严。姥姥是女流，也是旧式的女人，但她身上特别有气节，她的那份尊严一直都在，她不允许自己在晚辈面前显得邋遢、病弱、可怜，让孩子难过。

从这样的长辈身上，我们感受到了那种特别浓重的中华民族知礼仪、重家风的优良传统。家风是一种气质，也是一种品格，它是我们立世做人的风范，也是民风国风的根基，是社会和谐的基础。从家风到世风，再到国家民族的命运，于丹有很多关于这个时代的思考和愿望。

看到今天有个别老人碰瓷、霸座，寻衅闹事，为老不尊，于丹觉得，这是我们要反省的一种世风，这和文化知识没有关系。生活可以有困苦，但是不能没底线。

什么是家教和门风？它就活在一个人一生之中，它是一种价值默契。这个世界鼓励人不断去追求更高标准，但家告诉一个人要守住底线；这个世界可以给人很多高精尖的专业知识，家则给人以生命常识。

什么是常识？姥姥常说的一句话："这都不懂，出去叫人笑话！"这就是常识。

什么是底线？姥姥说一个孩子要是懒惰、撒谎、没礼数，就没脸见人。这是一直以来中国人的集体共识。

今天我们消耗的，是原来还遗留在价值默契中的规矩。

必须承认，今日中国"家"的概念和传统不同。传统的家，是家族；今天的家，是家庭。家族是基于宗法、血缘形成的谱系，它有家族信仰，有家规家法。过去，即使有的人不识文断字，但却通情达理，大家都知道不能伤天害理。在当下急剧推进的都市化进程中，很多固有的东西坍塌了。在一个个新兴的城市里，在一栋栋封闭的公寓里，横纵的街道、钢筋水泥，把人与人变成了一座座孤岛。

重建家教门风为什么重要？它是一个谱系里的默契。就像中国字，汉字里其实包含着很多道理：比如宝盖头，这个部首组成的很多字都和家庭有关。比如"安"，家中有女即是安。比如"定"，为什么家庭会不稳定？缺乏规矩和方向，没了规矩，路就会走偏。人一生真正的起点还是家，还是要把家里的其乐融融建立起来。家教门风不是板着脸训孩子，而是身体力行。

从读书到养花、做饭，到一家人聊天喝茶，就是一个家的归属感。所以，重建家教门风，守住规则，守住底线，守住常识，同时让这个家是一个回得去的家、有趣的家，才能家和万事兴。

于丹与吉林：吉林有味，清欢无尽

"此心安处是吾乡。"

一句话，道尽于丹对吉林的感情。她说，人真正的故乡不见得就是出生地，此心安处，便是故乡。当你觉得一个地方可以安顿，这个地方就会和你有千丝万缕的关联，你也会一次一次想回去。

于丹喜欢吉林的省会长春市，觉得它有一份从容和宁静，在这个时代是难得的一种气质。中国大多数城市是紧张和忙碌的。但是当她站在长春的人民广场，看到那些古老的树木和房子，坐在东北师大开讲座的大礼堂，摸到当年张学良时代造的青砖，这都是能够触摸到历史的地方。能触摸到历史，心里就不慌张。

她曾走过许多地方的路，用脚步丈量许多座城市，包括在欧洲的很多地方，当地人很骄傲地向她介绍：这个是 17 世纪的塔，那个是 18 世纪的教堂。他们骄傲的是这个地方两三百年后依然保留原貌，而我们骄傲的是某个地方短时间内发生了天翻地覆的变化。很多地方把 20 年前的照片和今天的照片放一起，叫今昔对比。她也时常在叩问，20 年就变了个样子，固然是一种进步；而 200 年不变，则是对历史的景仰和文明的守护。

于丹说她喜欢吉林的很多地方，就是在这里还能触摸到一些不变。变化中的不变，是有体温的文化记忆。文化不仅是一种政策制度、新的潮流，文化也是一种生活方式、价值默契，更是一种共同的集体记忆。除了长春市，她还特别喜欢吉林市，有山有水，秀气干净，喜欢那里人的恬静自如，安居乐业。她在那里常想起老子说的"甘其食，美其服，安其居，乐其俗"。那里的感觉就是安安顿顿，风俗一直在延续。

冬天松花江畔的雾凇，是她关于吉林更强烈的记忆。那样的冰雪世界，让泪水凝在脸上，如雾凇一样晶莹。那种美，除了流泪，连一句感叹都怕惊动它。雾凇的每一个小小冰晶，让人知道什么叫鬼斧神工，老天爷能把这种奇异的景象降下凡尘，该是怎样的一种恩典，让我们领略这样的视觉盛宴。

"此'景'只应天上有，人间能得几回闻"，所以她觉得这是吉林人特有的福气。这片黑土地就是吉林人的故乡。每一个人，生命里是带着乡土的，爱乡土里的默契，爱大自然给这片乡土独特的恩典。作为这片乡土上的子孙，才会文而化之，把这片乡土上的记忆真正传承下去。

"身不能至，心向往之"，她说吉林的美景还有很多没有看到的地方，这是她的一个小遗憾。吉林是她愿意再去的，愿去领略更多吉林的美景，愿去沾染这片乡土更浓郁的情怀。

交谈中，妙语连珠的于丹突然短暂停顿，对来倒茶的年轻同事轻声道谢。这个小小细节，正是家教门风的自然流露。而在不假思索一气呵成地口诵幼时学到的恢宏诗篇时，于丹的眼角多次湿润，那一瞬间的绵绵思绪，似乎回到姥姥绿荫如盖的小小庭院。说起家风，于丹的语句中总有一个词反复出现，那就是"规矩"。天圆地方，皆是规矩。只有在重礼、守序的时代格局下，生长于其中的每个人才能享受到属于自己的那份安宁。

草木葱茏的 5 月，北京师范大学校园的初夏景物繁盛到了极致，让人想起"陌上花开，可缓缓归矣"。背着双肩包的于丹，每天行走其间，如云行水流般，和来来往往的学生眉目相映，亦如花开陌上。

于丹循着累累繁花，融进她安顿身心的花园小径，仿佛江南春山折梅的古人，生命的表里，盈满芬芳。

校园门口，于丹微笑着与我们挥手作别，记忆中的影像，仿佛这个明媚的季节。

短暂的交流虽已结束，对家风的追溯却刚刚开始。这是梦开始的地方，也是梦开花的地方。人间的美梦，无不依托着爱而存在。让亘古绵延的规则显现心灵的海面，唯其如此，方能博蓄而流长。清川无尽，世事有常。家风如是，人生亦如是。

人物简介

于丹，女，著名文化学者，北京师范大学教授、博士生导师，首都文化创新与文化传播工程研究院院长，国务院参事室特约研究员。

在中央电视台《百家讲坛》《文化视点》等栏目，通过《论语心得》《庄子心得》《论语感悟》等系列讲座普及、传播传统文化，以生命感悟激活了经典中的属于中华民族的精神基因，在海内外文化界、教育界产生广泛影响。先后在我国内地、港澳台地区，及美国、英国、法国、德国、日本、韩国、新加坡、马来西亚、巴西、新西兰、澳大利亚等国家地区进行千余场传统文化讲座，得到广泛的好评，并掀起了海内外民众学习经典的热潮。著有《于丹〈论语〉心得》《于丹〈庄子〉心得》《于丹·游园惊梦——昆曲艺术审美之旅》《于丹〈论语〉感悟》《于丹 趣品人生》《于丹 重温最美古诗词》《人间有味是清欢》及《于丹 字解人生》《有梦不觉人生寒》，其中《于丹〈论语〉心得》一书获得了世界知识产权组织的版权金奖，国内累计销量已达600余万册，多次再版，已被译为30余种文字在国外发行，仅外文版销量已近40万册。

于蓝：红梅映雪更精神

她是延安抗日军政大学培养出来的红色战士，她是中国儿童电影制片厂第一任厂长，她是莫斯科国际电影节最佳女演员及中国电影金鸡奖终身成就奖的获得者，她是新中国"二十二大电影明星"。

从舞台到银幕，永葆鲜活的艺术形象，深深地植根于观众的心中。从青春到白头，一直为电影事业奉献着。虽然历尽磨难，却始终无怨无悔。

她就是著名表演艺术家于蓝。

7月初的北京，一个细雨霏霏的上午，我寻访着西土城路一栋老宿舍楼，如约来到于蓝老师的家。于蓝坐在不足10平方米的客厅等候着我。房间朴素简雅，墙上挂着于蓝钟爱的老照片，正中间是她和周恩来总理握手的合影。一幅书法作品格外显眼，上面写着大大的两个字：红梅。于蓝缓缓地为我讲述那些深情的往事，满头银丝仿佛一瞬间靓丽起来，在她纯朴温和的笑容里，没有功成名遂的骄傲，唯有经历了峥嵘岁月的酿制之后，焕发出的熠熠光彩和淡然的芬芳。

并不顺利的"触电"

从《白衣战士》中周到热心的庄队长，到《翠岗红旗》中关心革命的向五儿；从《烈火中永生》的江姐，到《革命家庭》中的周莲……于蓝刻画的每一个形象都深入人心。

1948年，正在长春第四期电影训练班做指导员的于蓝接到通知，让她参加《白衣战士》的拍摄。当时的于蓝虽然拥有丰富的舞台经验，却从未拍过电影，她深知这是一个巨大的挑战。

同拍摄前预想的一样，于蓝的第一次"触电"并不顺利。舞台上的表现需要很强的张力和感染力，带动现场的气氛，而电影则需要含蓄内敛，让观众逐步入境。转型是困难的，也是艰苦的。期间甚至有的同志劝告她说，你的脸型不适合电影镜头，还是去干别的工作吧！拍摄时，摄影师一会儿说"于蓝，你的脖子太细了"，一会儿又叫"你的肩膀太薄（太瘦）了""你的眼白太大了"，一时让于蓝无所适从。而且，从专业上于蓝也分不清不同角度、不同镜头的区别,这让她觉得自己的每一个动作、每一句台词都是不对的，她十分苦恼。

于蓝回忆起拍摄《白衣战士》的时候，不禁感慨：当时根本谈不上角色创作，只是凭着朴素的发挥完成了任务，感觉质量也不是很高，还很稚嫩。在于蓝自己的印象里，首次"触电"的感觉并不美好。然而正是这个不美好，激起了于蓝日后的斗志。

　　很快，于蓝迎来了证明自己的机会，《翠岗红旗》剧组找到了她。这次于蓝狠下心来琢磨角色，先从背景入手，深入生活，在短短一个月的时间里，她采访了从省委书记到普通群众几十人。听着那些红军家属和幸存干部、党员的述说，于蓝常常是含着泪水记录下这些珍贵的资料。她曾在书中这样记录自己参与角色体验的日子："大自然在黎明中显得特别清新妩媚，微凉的晨风吹拂着劳动的身躯，感到特别清爽。担罢水去园中采麻，由不熟练到能应付，我心里很是高兴。吃早饭时已经9时多，饭好像特别香甜。一整天和她们同劳动，夜晚也不肯放弃和水风去推米粉的活动。这女孩总是憨笑着，她经常带一群女孩子来看我，那样亲切、憨直、朴素！除了没有矫揉造作和虚假之外，她们绝不比城里妇女有什么高低之差。我在王健德家中，饭菜也很可口，真有乐不思蜀的味道，似乎自己就是这农家的一员。"

　　为了演活角色，她深入民间体验生活。这位将近百岁的老人每当提及当年体验生活的日子，还心心念念当时遇到的那些人民群众，她说角色的体验有很多难忘的幸福时光，这些人都已是自己的好友，是自己创作的源泉。

　　经过两个多月的准备，拍摄开始了。谁知道在拍摄中，于蓝不知不觉又想到了《白衣战士》，对镜头的恐惧感困扰着她。比如在近景和远景中，对感情的饱满度把控不准，排练时表现很自然，实拍中又产生了情绪的变化。但于蓝并没有被吓退，经过与导演反复的琢磨和沟通，状态得到了极大的提升，逐渐懂得了自己和镜头之间的关系。就这样，于蓝极力克服着短板，出色地完成了任务，自己也实现了一次艺术的升华。这段经历为于蓝后来的表演生涯，尤其是此后塑造艺术造诣巅峰的江姐形象，奠定了深厚的基础。这一切，与她不服输的性格，以及共产党人的信念、革命的洗礼是分不开的。

永远的"江姐"

在绚丽的艺术人生之中，于蓝出演了多部中国电影史上的经典作品，塑造了一系列印刻在几代人心中的经典人物形象。当问及于蓝对哪个人物的刻画倾注心血最多时，于蓝语气坚定地说，是"江姐"。

1961年，于蓝读了《中国青年报》上刊登的连载小说《红岩》，深有感触，萌发了拍摄电影的想法。她说："《红岩》是革命烈士用鲜血和生命书写的史诗，它犹如一座有意义的雕刻，屹立在'白公馆'和'渣滓洞'这一特殊的战场上。烈士们犹如群山，任何胁迫和欺骗都动摇不了他们对共产主义的信仰。我们满怀敬意地走进拍摄前的准备工作。"

第二年，于蓝前往重庆，通过《红岩》作者罗广斌，找到了在白公馆、渣滓洞幸存的共产党员。这些劫后余生的英雄们，向于蓝展现了当年与国民党反动派那场艰苦卓绝可歌可泣的战斗画卷。

切磋琢磨，始成美玉。于蓝对江姐这个角色的研究，几乎到了痴迷的程度。于蓝和江姐一样，有着共同的革命经历，在17岁的花样年华走上革命道路。1938年的一个大雨倾盆的夜晚，为了寻找革命队伍，勇敢的于蓝孤身一人离开家门，向郊外一路狂奔。翻过平西妙峰山，来到了斋堂抗日根据地。同志们看见满身泥巴、一头汗水的于蓝深受感动。不久，在八路军战士的护送下，于蓝靠着两条腿，耗时两个多月，走了1000多公里路，于10月24日来到陕北延安。这些不同寻常的经历，使得于蓝更加坚信自己能够扮演好江姐。再加上几十万字的口述资料，将当年炼狱般的画面呈现在她的面前，江姐这个角色，也一点点在她的脑海中，饱满和生动起来。

于蓝还记得，夏衍老师曾经嘱咐她说，要注意江姐与刘胡兰和赵一曼之间的人物区别。这让于蓝很受启发，她根据资料认真进行人物剖析，认识到江姐首先是一个城市女性，应该有着一般城市女性的特征，穿戴、仪态都要符合身份。她绝不是一般意义上的英雄形象，因为那样她在这个城市里就显得太过突兀，无法在敌后生存；其次江姐是一个地下工作者，必须有不同于常人的缜密思维，所以她一定是善于思考而小心谨慎的；同时她又是千千万万城市知识妇女的代表，生长于贫困社会，经过艰苦岁月的磨砺，看透反动势力的腐朽和没落，共产主义如同黑暗中的明灯，引导她坚定地投身人类解放的崇高事业，所以她的内心一定饱含激情。

除了作品本身赋予江姐这个角色的定位以外，于蓝还深入思考了江姐这个人物的独特性，成熟、冷静，做事有条不紊。不管是面对特务的疯狂追捕，还是严刑拷打，江姐都展现出了中国知识女性的理性和优雅，以及一个地下工作者的淡定从容。这些都非常完美地在影片中得到了精准的表达。可以说，江姐这个角色被于蓝塑造得浑然天成，有血肉，有灵魂。

于蓝成功演绎了江姐，成就了几十年家喻户晓万人称颂的经典。而江姐这个角色的精神，同样也感染了于蓝的一生。直至今日，于蓝仍然认为，无论在生活还是工作中，自己的一言一行，都不能有愧于江姐，点点滴滴的事情，都会设想如果是江姐该怎么做。她曾经把别人给她的大笔片酬，转手就捐给孤儿院。于蓝说，事实上，所有的伟大牺牲都是江姐做出的，但今天人们把对她的爱给了我，我怎么承受得起。

花甲再出征

1981 年 3 月，党中央召开了两次关于儿童和青少年工作的研讨会，提出全社会要高度重视少年儿童的健康成长。在这样的时代背景下，于蓝受命组建北京儿童电影制片厂并担任首任厂长。于蓝已经是花甲之年，加之病体初愈，然而党的召唤对她来说是永远无法拒绝的，就这样，于蓝在儿童电影事业上，又奋斗了 20 年。

1983 年冬，儿影厂成立之初，于蓝在临时建造的极其简陋的平房办公。有一次办公室的门弓（门后的弹簧）突然断了，门瞬间回弹，把于蓝的右手手指夹住。十指连心，我们听来都倒吸一口凉气，但于蓝仿佛在讲述着别人的故事,云淡风轻。"到了医院，医生说接上断指康复需要 20 多天，我嫌时间太长影响工作，就让他直接缝上伤口算了。"因为那时候儿影厂是关键期，全社会都十分关注，于蓝带领团队致力为党和人民交上一份完美的答卷，纵使沥尽心血也无怨无悔。于蓝说："我是儿童电影的头头，如果不能给孩子们送去丰富多彩的儿童片，我愧对三亿儿童。"她一边讲述着，一边摆动了一下受过伤的右手，轻描淡写地挥手间，仿佛一根琴弦，在我们的内心被拨动了一下。她几十年如一日对党和国家的热忱，她的近百年风雨磨砺后的洒脱和淡然，就像一个激扬的音符，铿然鸣响，余韵悠长。

创业的路布满荆棘，也苦中有乐。最初的儿影厂没有厂房，没有人，没有资金，于蓝自己也没有当厂长的经验，一切都是干中学，学中干。团队由 1 人到 3 人再到 18 个人、几十个人。历经 6 年，沐雨栉风，1987 年 3 月，儿童电影制片厂才正式迁入新厂，并更名为中国儿童电影制片厂。

儿影厂成立 5 周年之际，于蓝发起成立了中国儿童少年电影协会，并设置奖项，奖励优秀少儿影片，激励那些在少年儿童电影工作中做出突出贡献的电影人，让儿童电影工作者有了标杆，有了旗帜，共同致力于儿童电影的艺术创作和推广。于蓝在儿影厂的 20 年间，全身心地扑在儿童电影上，推出了《红象》《四个小伙伴》《少年彭德怀》《多梦时节》等优秀电影作品。当时，儿影厂是全世界唯一一家儿童电影制片厂，总计拍摄了 65 部儿童片和 21 部电视剧，其中 37 部作品获得 120 个奖项，包括金鸡奖、童牛奖等等。

时至今日，这位年近百岁的世纪老人，仍在关心儿童电影事业的发展。儿童电影在渐渐丰满，她的身体慢慢赢弱。于蓝这一生，贴工、贴钱、贴命，但她更贴近数亿孩子的心。她说："只有制作出更丰富更优秀的符合儿童特点的电影，才能满足儿童的求知欲，激发儿童丰富的想象力。""现在有不少年轻导演拍了儿童片送来样片给我看，我的眼睛已经看不清楚了，耳朵听起来也困难，岁数不饶人了，我只能给他们祝福和鼓励，希望他们多拍儿童电影。"

在市场化的冲击下，尤其是电影进口放开后，迪士尼、漫威等国际大公司的儿童电影屡屡在票房上取得突破，而国产儿童片则乏善可陈。于蓝希望国家能够继续扶持儿童电影，因为孩子是祖国的未来，需要优秀的国产儿童电影来陪伴成长，不能因为经济效益就放弃了儿童电影市场。她也希望更多的投资者，能够支持儿童电影发展，承担一份社会责任。

"红心塑造英雄，真情培育儿童。"老朋友秦怡为她90岁寿辰写下的赠言恰如其分。每当谈起她的贡献，这位谦逊的老人总是表示自己做得还不够好，贡献的好作品还不够多。其实这位世纪老人不是做得太少，而是太多。她以近百岁的高龄，俯视生命，病弱的身躯，高贵的心灵，积淀在生命里的赤子情怀和文化精神，是我们永远敬仰的山峰。

黑土地的眷恋

于蓝说，她和东北有无法割舍的情感。抗战胜利初期，东北被日寇统治14年之久，环境非常艰苦。"虽然当时我的家就在北平，但我想先不回家，一定要打回老家去！"不久，中央组织了"东北干部团"和"华北干部团"，于蓝和爱人田方一同报名参加了东北干部团，开始了新中国的电影事业奠基历程，先后在沈阳、本溪、辽阳、鞍山、大连等地演出。解放战争期间，她为军队和群众表演了《血泪仇》《远望》《日出》等革命戏剧。

1947年初夏，她担任了东北电影制片厂第一期训练班的指导员。12月，第一个孩子出生了。因为这时毛主席刚好发表了党的新形势与新任务的报告，田方给孩子起名"新新"，这意味着祖国的命运和人民的生活，一切都有了新的开始。因为这个小生命，她们的家庭生活、感情生活，增添了新的共同的爱、共同的欢乐和共同的希望。1948年冬，于蓝带着未满周岁的儿子来到长春，为在长春参加人民电影事业的革命青年开办第四期训练班，任指导员工作，田新新也在东北这片沃土上茁壮地成长。于蓝讲述，东北电影制片厂，也就是后来的长春电影制片厂，有一个十分值得人留恋的幼儿园，新新刚满月就可以入托。幼儿园老师有丰富的哺育婴儿和教育儿童的知识和经验，把幼儿园办得十分出色，田新新也在这里接受了良好的启蒙教育。

往事回顾中，于蓝对长春有着很深的感情和眷恋，这里不仅有她的青春记忆，更是她和田方老师接受党的秘密使命，携手并肩建功立业之地。

抗战胜利后，内战又起。1946年2月，田方受命于危难之际，奉中共东北局宣传部委派，化装成老百姓进长春城接收伪满洲映画株式会社。5月，面对当时的危急形势，东北民主联军决定撤离长春。为了建设将来新中国的电影基地，田方和于蓝将生死置之度外，冒着生命危险，在敌人步步逼近的情况下，用不到一天的时间，和同志们一起将25节火车车皮的电影拍摄物资抢运到兴山，为即将成立的新中国建立了第一个电影基地——东北电影制片厂，这在和平时期是无法想象的。当时田方被授予一等功。

为了配合前方作战，鼓舞士气，"东影"筹划拍摄故事片《白衣战士》，并决定由于蓝来主演。于蓝一下子怔住了："拍电影可不是扭秧歌，一尺胶片一担米，出了错可了不得！"这时，经验丰富、年长于蓝 10 岁的田方温和地说："大胆地演，认真地学，我们大伙儿教你。"于是，于蓝鼓起勇气，在战火纷飞的东北平原上，塑造着人民自己的英雄。从此之后，于蓝的灵感和激情不断迸发，在新中国的银幕上，留下了一个又一个光彩夺目的英雄形象。她在《翠岗红旗》中饰演的红军家属向五儿，得到了毛主席的亲口称赞；在《革命家庭》中饰演的革命母亲周莲，让于蓝在莫斯科国际电影节上捧回"最佳女演员"的奖杯；在《烈火中永生》中饰演的地下党员江雪琴，塑造了中国电影史上永远不朽的艺术形象。

在向我讲述这些故事的时候，于蓝的眼睛湿润了。她在缅怀自己的爱人、战友田方同志。在我们采访过程中，于蓝一直在提及"田方"，这个名字对于国家，是一位优秀的共产党员；对于银幕，是一名优秀的文艺工作者；而对于她，则是终生的革命伴侣。她说，曾经接到长春一位叫姜辉的观众来信，表达了对《英雄儿女》的缅怀之情，信里说："田方是一个高尚的人，在银幕、在我们心中永生。"说的一点不错，田方不仅饰演高尚的人，同时他自己也是一个高尚的人。角色不论大小，都全心全意地去揣摩熔炼。无论是作为人民一员，还是作为共产党员，作为革命文艺工作者，抑或是儿子、丈夫、父亲，他都永远保持了高尚的品质。

采访中，于蓝多次提到东北，询问长春的气候，关心长春的变化。时近中午，于蓝望着窗外，回忆着往事。北京以北，目光投向的远方，记忆里的那片厚土，充满温情的东北三省。那一刻的遥望，感染着我们的心，仿佛回归的燕子，翩然飞翔，回到故乡。

在纪念田方百年诞辰、于蓝九十华诞之际，国家广播电影电视总局副局长赵实指出："田方和于蓝是我们党培养出来的优秀革命文艺干部，他们把自己的全部人生献给了中华民族的解放和复兴事业，他们所创造的银幕形象深受广大人民群众的欢迎和喜爱，他们的成就和贡献、思想和风范、人品和艺德，值得我们认真学习、继承和弘扬"。

"回顾党的历程，这是多么丰富的岁月，多么光辉的岁月！我庆幸自己能在党的哺育下长大，又是在党的呵护下成人！我本是一个幼稚无知的孩子，一个迂腐不聪的党员。因为跟随党的队伍，经历了不寻常的历程才逐渐成为党的文艺战士。在这些历程中，尽管有不少的艰苦与酸涩，但我感到更多的是珍贵和自豪！"这样的表白，是于蓝心底里流动的热血，这一生，她的所思所想、所作所为，践行了她在党旗下的誓言，链接起她一辈子的爱，这爱里有祖国，有艺术，有亲人。

百年银幕的经典，世纪光影的传奇。银幕上，于蓝塑造的艺术形象，历经几十个春秋，依然魅力不衰，鼓舞人心；银幕下，她从容淡泊，睿智乐观，尽享岁月的荣耀。由激越到安然，由绚烂到平淡，每一位革命前辈，每一位优秀共产党人，高尚信仰与情操贯穿着的瑰丽生命的画面，莫不如此。

时光安恬，美亦永恒。于蓝虽已期颐之年，仍然充实快乐，精神饱满。仿佛天空的满月，静定而明媚，予人启迪，予人安慰。奋斗让人无悔，岁月因此增辉。于蓝所拥有的高贵品格，和她所主演的光辉形象，一生相映，光彩夺目。恰似红梅照雪，更见精神。

坐在这位年近百岁的世纪老人面前，你丝毫感受不到历史的沧桑在她身上留下任何印记。淡淡的微笑，温和的目光……于蓝给我的印象就像一位邻家奶奶，买菜回来，坐在那儿和你静静地叙谈着。对某些话题，记不太清的，她也会坦诚地说"记不准了"，接着补充一句"年纪大了"。说这话时，看不出任何无奈的表情，反倒显出几分羞涩、几分歉意。

告别的时候，她坚持让保姆推着轮椅来到电梯口，向我挥着手说再见。

人物简介

于蓝，女，1921 年生于辽宁岫岩。1938 年到延安抗日军

政大学学习，1946年调入东北电影制片厂当演员，曾在《白衣
战士》《翠岗红旗》中担任主角。1953年调往北京电影制片厂演
员剧团，主演过《革命家庭》《烈火中永生》。她荣膺数个国家
及世界级奖项，用深入人心的人物塑造、超凡脱俗的表演技巧、
坚韧不拔的革命毅力、老骥伏枥的使命担当，诠释着属于那段
峥嵘岁月的光影传奇。

阎崇年：从历史走向未来的东北文化

说起东北，他谈古论今，情理交融；言及文化，他思想深邃，纵横捭阖。

茫茫乾坤，浩浩长河，笔者有幸与他一起，进入繁盛壮阔的历史，感受灿烂悠久的中华文明，系统梳理从东北这一方土地源起的大清王朝兴衰脉络，感受康乾盛世，从历史中汲取宝贵的治国经验，在从古至今的嬗变与跃进中，树立文化自信，增强继续前行的强大精神力量。

在北京朝阳区一处幽静的住宅小区，我见到了闻名已久的阎崇年先生。推开门，眼前的阎老神清气爽、精神矍铄，已经80多岁的他，看上去比实际年龄要年轻得多。因为是史学前辈，拜访之前，想象中这应该是一位严谨而不苟言笑的学者，而我见到的阎老却非常和蔼，异常亲切，令人顿时抛开顾虑。欢谈之中，"四合书屋"里，茶香与书香四溢，跟随他深邃的声音，脑海中幻化着鼓角争鸣的历史风云。

中华文化，绵延不断

习近平总书记非常重视和强调文化自信。从历史上看，中国在世界上屡屡处于经济、文化的领先地位，多个时代都创造出具有独特魅力的璀璨文化，在当时的世界格局中占据非常重要的位置。

作为历史学家，阎崇年对此有着精深的研究和解读。说起中华民族的文化自信，阎老娓娓道来，引人入胜。

我们生活在茫茫宇宙之中，宇是空间范围，四面八方；宙是时间的概念，古往今来。从时间和空间看，我们中华民族的文化都是独特而灿烂的。在世界四大文明古国中，古印度文明、古埃及文明、古巴比伦文明都中断了，只有中华文明历经沧桑绵延至今。中国有5000年的历史，有文字记载的历史是3000多年，一直延续下来。中国有编年的历史从公元前841年到现在，一直是连续不断的，每一个朝代的记录都完全能接续起来。中华文明源远流长，生生不息，是世界文明发展史上绝无仅有的奇迹，对人类社会的发展做出了重要贡献和深刻启迪。而且，在中华五千年历史长河中，历朝历代都留下了丰富的古籍文献，记录着诸子百家思想、政治制度、经济和社会成就以及文学艺术、自然科学成就等，浩如烟海，蔚为大观。国内保存的公藏古籍善本就达3 700万册，为全世界古籍最丰富、最繁多、最系统、最完善的国家。古籍清芬，勾勒着历史的脉络，闪动着文化的灵韵，其承载的博大精深的中华文化，是献给世界的宝贵精神财富；从四面八方来说，中国地域广阔，经济文化形态丰富多样，如中原的农耕文化、西北的草原文化、东北的森林文化、西部的高原文化和沿海暨岛屿的海洋文化等，都曾创造并树立了璀璨的文明高峰。

阎老认为，就清朝而言，它继承了前朝几个帝国的繁华，把中华文化又向前推进了一步。

首先，它奠定了今日中华版图的基础。清朝强盛时的版图，面积非常大。"康乾之治"时的版图总面积约1 400万平方公里，在中国历朝历代中都居于前列。而且与当时的世界各个国家相比也是最大的，比俄国（当时还没有完成大规模扩张）、英国、法国、德国和日本等国土面积都大（当时美国还没有诞生）。广阔的疆域和有效的控制力显示出当时清王朝国力的强盛。

清王朝由生活在东北地域的满族入关发展而来，所以东北经常被称为满族的"龙兴之地"。满族在当时来讲，本是边陲一个弱小民族，但它进关以后，定鼎北京，入主中原，统一华夏，造就了一个强大的帝国，其兴盛的原因是什么呢？许多的思想家、学者专家都从不同的角度给出了自己的见解。

在阎老看来，清朝的兴盛，究其原因，可以概括一个字，就是"合"。表现在五个方面，即诸王大臣协和、民族关系统合、经济多元整合、文化传承融合、社会编制聚合。

民族协和方面，对待其他文化实行"一主多元"的文化政策，以中华传统文化为主，各民族多元文化并存、整合。尊重各民族的文化传统和风俗习惯，满族与各少数民族关系处理得较好。中国两千年来帝制时代没有解决好的匈奴、突厥、蒙古等民族难题，在清朝得到了较好的解决，这是一个重大的历史功绩，也是一个重要的历史经验。满族比较虚心地吸纳了汉族文化，自己民族文化也得到了提升，创造出了中华文明大统合的新时期。

"合"的价值观，既是清朝强盛的内在因素，也是中华文化的精髓和中华民族的核心精神之一，是中华民族伟大生命力和凝聚力的内在因素——这是清朝兴盛留给后人的历史宝鉴。

清朝后来衰落、败亡的原因，阎崇年认为由一个字来概括，就是"僵"。具体来说，强调君主权威而忽视民主，强调以农为本而忽视近代工业；文化强调继承传统文化，而忽视科学技术；强调八旗严密组织，而忽视人民根本利益。总之，就是"敬天法祖""率祖旧章"，没有跟上世界发展大趋势，没有顺应历史潮流而不断维新与时俱进，导致最后落伍，被淘汰出局。如此深刻的历史教训，应当引以为戒。

以史为鉴，可以思接千载。只有了解自己的历史，才能继承和发扬优秀传统文化，掌握中华民族最深层的精神追求，才能对自己的文化有坚定的信心，获得坚守的从容，才能鼓起奋发进取的勇气，全心全意投入到时代的建设中来。

学术使命，济世情怀

作为一位历史学家，阎崇年在清史和满学研究领域皆有建树；作为一名社会文化名人，他生动的讲解备受读者欢迎，激发了广大公众对历史的兴趣，加深了全社会对中国传统文化的认知。从这一角度讲，阎老功莫大焉。

他讲述了这样一个小故事，那是在吉林市签售《康熙大帝》时的小插曲。当时有一位女读者前来签书，阎老问她："给谁签啊？"她说："给他签！"阎老一怔，见这位读者指了指自己隆起的腹部，才恍然大悟——原来指的是还没出生的小宝宝。于是问："他（她）还没出生，为什么就给他（她）签呢？"这位准妈妈说，要对孩子进行胎教。她希望孩子从小就能好好学习、读书，像书中的历史人物一样成为一个对社会有用的人……阎老对这件事印象很深刻，这件事让他感受到了历史通俗读物的广泛影响，也在一定程度上让他意识到了史学普及的重要意义。

还有一件事。九州出版社副社长李勇，还是出版社编辑室主任时，就是个十足的"阎迷"，对于阎崇年的书，无论厚薄长短，只要发现，就全部买下。对《明亡清兴六十年》，他逐页研读，提出疏误，甚至包括标点符号在内，并反馈给阎老。为表示感谢，阎老给他寄了一本《明亡清兴六十年》彩图本。后来，李勇所在的九州出版社给阎老出书时，很巧，他又成为阎老《阎崇年自选集》《合掌录——阎崇年对话星云大师》（增订版）两书的责任编辑。这些读者的反馈和关注都成了阎老继续普及历史知识的动力。

2016年，《阎崇年自选集》出版。当初出版社来联系阎老时，阎老本不想出，因为对出版社来讲，可能不赚钱。但出版社非常坚持，说："只要出版有您的名字的书，就肯定赔不了！"这份信任令人感动。事实也证明，这本纯粹的学术书籍不仅没有赔钱，而且销量很好。

《正说清朝十二帝》是阎崇年在央视《百家讲坛》引起大家

关注、促使他走向大众的一部重要作品。这本由中华书局出版的图书，自2004年推出以来，已经印了50版，包括韩文本、香港和台湾繁体字版等各种不同版本。作为一本畅销书，出版社每年都会修订增印，几万册至十几万册不等，截至目前，已经累积达100多万册，有专家说，这已经称得上是一部经典著作了。每次印刷，这本书都要进行修改。因为看的人非常多，大家会从不同的角度提出建议。有一名四年级的小学生，在书缝里夹着的、几乎打不开的地方，发现了"珍妃"的"珍"，被错打成"诊"，就写信告诉阎老，阎老也送了他一本书表示感谢……《正说清朝十二帝》就这样被不断地完善着。

类似的小插曲很多，让阎崇年不断反思。许多学者，包括他自己在内，将更多的精力放在写论文、发表专著、职称评聘上，而把学到的知识和研究的成果与大家分享，则相对较少。阎老从2004年走上央视《百家讲坛》后，便开始了既从事专业研究，又普及大众的任务，为央视"百家讲坛"主讲并出版《正说清朝十二帝》《明亡清兴六十年》《康熙大帝》《大故宫》和《御窑千年》等，在国内外引发强烈社会反响，被誉为《百家讲坛》的"开坛元勋"。

研究和普及是不一样的两项工作。普及的过程中，不断地被叩问，思考面就更宽。虽然在书斋里做学问和书本交流、开学术研讨会和同行之间交流，但这还只是限于学术圈。做学问需要突破，需要与来自学科之外的、更广泛读者的观点相互碰撞，这样才能打通界限，思维通达，使学术变得更完善。

史法自然，观点创新

阎崇年在多年研究的基础上，近年对东北的历史经济文化形态进行了新的定义，提出"森林文化"一说。这一提法很有新意，对东北的历史研究和现实发展都很有启发。阎老讲到，求真求理，史法自然，是他治史的旨趣。他坚持两点：说别人没有说过的义理，用别人没有用过的史料。正是秉持这样一个治学原则，他撰写了《森林文化之千年变局》一文。

对东北的称谓，约定俗成的有关东文化、关外文化、长白文化和白山黑水文化等，也有从民族学、文化史学等角度，概括为牧猎文化、渔猎文化或游牧文化等。这些提法，各有道理，也各有优长，但均没有突出东北民族的森林文化生存环境及其历史文化内涵。阎老因为研究满学、清史，多次亲身踏察长白山和东北各地，随着认识的加深，遂将东北地域文化总称概括为"森林文化"，并由此在史学领域第一次推衍出中华五种经济文化类型——中原农耕文化、西北草原文化、东北森林文化、西部高原文化和东部暨南部沿海及其岛屿的海洋文化，而且首次在史学领域论述了森林文化的定义、特征、演变及其作用，并论述其在中国有文字记载的 3000 多年历史演进中分合、盛衰的变局，阐述了森林文化与中华多元文化的冲突与融合。

中原农耕文化、西北草原文化的存在与意义，学界早已取得共识。

至于东北森林文化，相对而言，过去史料少、踏察少、研讨少、著述少、关注也少。阎老提出，森林文化在中国暨东北亚空间上是客观存在的，其在不同历史时期、不同地域范围，都影响着中华历史发展，影响着东亚历史格局，也影响着历史进程。

古代东北民族的生存环境，森林莽莽，树海无际。其早期居民，面朝河流，背靠山林，生活资源为渔猎所获。衣服，以兽皮或鱼皮缝制；食物，吃兽肉、鱼肉或野果；居住，以桦木和桦树皮为主要建筑材料。朝贡的物产，有人参、貂皮、珍珠等；生产生活以采集、捕鱼和狩猎为主。总之，是一个非常典型的东北森林民族。

在研究中，阎崇年也提出满洲文化具有"满—蒙—汉"三元特征，正因如此，才使其能应付来自蒙古草原文化和汉族农耕文化的两种挑战，兼容蒙古之犷武雄风和汉族之文化气韵。另外，他还提出"三个千年"之说，中国有文字记载的 3000 多年历史进行了三次文化大交融——第一个 1000 年主要是农耕文化内部的交融；第二个 1000 年主要是农耕文化与草原文化的交融；第三个 1000 年主要是森林文化入主中原。农耕文化与森林文化、草原文化、高原文化大交融，开出中华文化之花，结出中华文化之果。3000 多年历史变局的实质是由变而合，由合而大，最终统合为大中华文化，生生不息，骎骎健行。三个千年变局所形成统一多民族的持久稳固的中华文化共同体，屹立于世界民族之林。

所以，东北自古就具有森林文化优势，只是随着不断的开发和近代农耕面积的扩大，森林面积有所减少，森林文化的影响有所减弱，但仍然占据相当的比重，与农耕文化和游牧文化并存。东北的森林文化优势突出，有着深厚的历史积淀，在当代的经济文化发展上，东北也应该充分发挥森林文化的优长。

我曾听家里的老人们说起，以前，"棒打狍子瓢舀鱼，野鸡飞到饭锅里"的场景，就在生活中真的发生过，还有耳熟能详的"东北三宝"——人参、貂皮、乌拉草等，都说明了吉林和东北居民所处的森林环境及其地域，具有优良的生态。

我在吉林省的东部山区工作过，长白山周边地区的森林覆盖率都非常高。其中白山市的森林覆盖率为83.2%，很多县份都达到90%以上，就整个吉林省来说，森林覆盖率也达到了44.1%，在全国也是排名靠前的。吉林省和海南省是国家最早批准的生态省，近年来，吉林省委、省政府对这方面工作非常重视，建设步伐不断加快。我们在打生态牌，建设生态文明的过程中，也应该深入地挖掘历史内涵，明确自己的资源优势，彰显独有的文化特色，促进经济的发展。

初心未改，岁月不老

阎老虽然已经85岁的高龄了，但仍潜心研究，笔耕不辍，让人敬佩。他20岁步入史学领域，50岁进入清史领域攀登学术高峰，60岁始于满学中开拓，70岁始于影视史学探索，80岁开始森林文化研究。

人生是个不断追求、不断演进的过程。虽然年事已高，但阎老仍有许多事要做，每一天都在做。

阎老80岁时，出了一套25册的《阎崇年集》。这几年，每年都有新书推出。眼下正在重新修订《古都北京》，这本书图文并茂，出版社对质量要求很高，他和著名摄影师严钟义克服重重困难、想尽办法拍到理想图片，如香山红叶的图片，就是照了几千张才选出一张满意的；有时，摄影师前一天夜里就去一个景点蹲守，就为了第二天清早能拍到太阳升起时最美的那一瞬间。

阎老说他一辈子也没什么别的爱好，就做一件事情，而且从一开始就没有变过——就是读书、写书。他出版的论文集有《燕步集》《燕史集》《袁崇焕研究论集》《满学论集》《清史论集》等；专著有《努尔哈赤传》《清朝开国史》（上下卷）《康熙帝大传》《古都北京》（中、英、法、德文版）《森林帝国》等。主要著作结为25卷本《阎崇年集》。获中国版权事业终生成就者奖。

即使在当年被下放的日子，他也想方设法把线装书带着，冒着风险偷偷地看。后来改革开放时，许多人下海办公司，他也没受影响。他的想法是，我们的学术研究当时处于一种落后状态，好不容易有了宽松稳定的环境和时间，可以集中精力做研究，这机会太难得了。在那段时间里，他成立了满学研究所，并连续召开了5次国际学术研讨会，奠定了中国满学研究在国际上的学术地位和影响。

在人生耄耋之年，阎老身体还很健康，能够继续工作，这可能和他的人生修养所提倡和践行的"四合"原则有关吧！他把自己的书斋也取名为"四合书屋"。"四合"即天合、地合、人合、己合，前三个"合"都曾有人提出过，大家也理解其含义，而"己合"却未见有人这么提。他比较喜欢看历史人物传，到目前为止，看了成百上千过万个人物传。他不断思考，逐渐得出这一人生感悟：人要和他所处的环境相融合，包括天、地、人等，而"己合"，指的是人自身的生理平衡、心理平衡和伦理平衡。人应该从小时起，就了解这几个方面的关系，并在一生当中不断地修养自己。

"己合"，指一个人的身心和谐，这非常重要。人生是一个不断地平衡自己，不断提高修养，活到老学到老的过程。人立于世，要有个健康的身体、良好的心态和坚强的内心，不要太脆弱，经受不起一点小事的打击。要多读书，使自己变得心胸开阔，看到历史上受挫折的人多了，自己这点小挫折又算什么呢？具体来说，应注意事大气静、顺谦逆奋。同时，还要心善，修身的要义是克己从善，"止于至善"。达到了"四合"，才能专心致志、心无旁骛地去做事，才能做成事，做好事，做到"仰不愧于天，俯不怍于人"。

茫茫乾坤，方圆几何，旧日宫墙，寻常巷陌，几番起落，风云振作，是谁把英雄的故事一说再说……

阎崇年老先生为我们塑造的"精神道场"，令读者在古今时空中穿越想象，在人性洗礼中荡气回肠，在心血沉吟中百思千解，在感性理性撞击中豁然开朗。"为天地立心，为生民立命，为往圣继绝学，为万世开太平。"这句震烁千古的至理名言，也是他肩负一生的使命。

和阎崇年先生交往，感觉就像置身美好的季节，清风丽景，滋润人心。他是一位大学者，却丝毫没有高人的做派。正如古人所说，谦谦君子，温润如玉。每到节日，都能收到阎老发来的问候短信，亲切而欣然。每有新作，他也及时寄来与我分享。2017年是农历鸡年，春节的时候，收到阎老所书"吉庆"二字，今年是农历猪年，又收到他的"逐梦"二字，笔力遒劲，线条清晰，至今挂在我办公室的显要位置，这是我们忘年之交的最好见证。

人物简介

阎崇年，男，北京社会科学院研究员，著名历史学家。北京市政府授予"有突出贡献专家"称号，享受国务院颁发的特殊津贴，获中国版权事业终生成就者奖。

研究清史、满学和北京史。论文集有《燕步集》《燕史集》《袁崇焕研究论集》《满学论集》《清史论集》等；专著有《努尔哈赤传》《清朝开国史》（上下卷）、《康熙帝大传》《古都北京》（中、英、法、德文版）、《森林帝国》等。主要著作结为25卷本《阎崇年集》。创建第一个专业满学研究机构——北京社会科学院满学研究所。主持第一至第五届国际满学研讨会。为央视《百家讲坛》主讲并出版《正说清朝十二帝》《明亡清兴六十年》《康熙大帝》《大故宫》和《御窑千年》等，在国内外引发强烈社会反响，被誉为《百家讲坛》的"开坛元勋"。